U0599509

邹薇 著

凤舞九天：
湖北发展的"黄金十年"

WUHAN UNIVERSITY PRESS
武汉大学出版社

图书在版编目(CIP)数据

凤舞九天:湖北发展的"黄金十年"/邹薇著.—武汉:武汉大学出版社,2014.3
ISBN 978-7-307-12734-0

Ⅰ.凤… Ⅱ.邹… Ⅲ.区域经济发展—研究—湖北省 Ⅳ.F127.63

中国版本图书馆 CIP 数据核字(2014)第 004210 号

责任编辑:柴 艺 责任校对:鄢春梅 版式设计:韩闻锦

出版发行:**武汉大学出版社** (430072 武昌 珞珈山)
(电子邮件:cbs22@ whu. edu. cn 网址:www. wdp. com. cn)
印刷:湖北睿智印务有限公司
开本:787×1092 1/16 印张:8.25 字数:147 千字 插页:1
版次:2014 年 3 月第 1 版 2014 年 3 月第 1 次印刷
ISBN 978-7-307-12734-0 定价:39.00 元

湖北梦：开创经济发展的"黄金十年"

党的十八大明确提出了到 2020 年实现国民生产总值与城乡居民收入较 2010 年倍增的战略目标，这个宏大的中国版"国民收入倍增计划"承载了人民参与经济发展进程、分享经济发展成果的愿望，展现了稳步发展、均衡发展、文明发展和共同富裕，实现中华民族伟大复兴的"中国梦"。

湖北自古是创造梦想、实现梦想的热土。千年以前，博大浩瀚、重礼好乐的楚文明孕育了无数先贤哲人、文豪墨客，领长江文明之风骚；"湖广熟，天下足"、"九省通衢"、"唯楚有才，于斯为盛"的美誉奠定了湖北在全国政治、经济、文化、社会、生态发展中不可或缺的地位；19 世纪后期张之洞在湖北倡导和推动的洋务运动，开创了我国近代制造业、近代大学教育、近代城市发展规划之先河；百年以前，惊心动魄的辛亥革命更是在湖北发轫，开启了我国推翻千年封建帝制、建立共和国的历史篇章。

当前，作为中部地区的重要省份和促进中部崛起的重要战略支点，湖北"中"气十足，已开启科学发展、跨越式发展的"黄金十年"。湖北发展的美好远景是所有湖北人共同的梦想，"湖北梦"书写着所有湖北人奋发有为的目标，激发着湖北人"敢为天下先"、"追求卓越"的信心和勇气。

"湖北梦"是"中国梦"的湖北篇，湖北之经济发展大有可为。湖北具备发展先进制造业、现代服务业和现代农业的优良条件，具备得天独厚的交通枢纽、物流枢纽、航运枢纽地位。湖北具有承东启西、迎南接北的产业转承优势，在生产要素、市场潜力和经济结构等方面均已具有推动未来十年经济快速增长的实力和能力。而且，湖北具有东湖国家自主创新示范区、武汉城市圈两型社会综合改革试验区的先行先试的政策优势，正迎来经济发展的大好战略机遇。

"湖北梦"正逢其时，"势"在必行。过去5年间，湖北经济增长呈现出前所未有的大好局面。2008年，湖北的地区生产总值首次进入"万亿俱乐部"，排在全国第12位；2011年，湖北的地区生产总值超过上海，位列全国第10位；2012年，湖北再上一层楼，地区生产总值挺进"2万亿俱乐部"，位次来到全国第9位。湖北经济连续9年实现双位数增长，各项重要经济指标均实现"高于全国，领先中部"的增长，地区生产总值在全国的位次近5年上升4个位次，这些在湖北过去半个世纪的经济发展历程中是前所未有的。

　　特别值得指出的是，2012年尽管国际国内的经济形势异常复杂，存在大量的不确定性、风险和脆弱性，中国经济增长率已经回落到7.8%，但是湖北依然以比全国水平高出3.5个百分点的增长率，实现了"逆势而上"的经济发展成绩。

　　与此同时，2011年和2012年湖北城乡居民收入增长连续快于地区生产总值的增长，城镇居民可支配收入的全国排名2011年为第16位，到2012年上半年已提升到第11位。广大民众不仅参与经济发展的过程，而且分享经济发展的成果，这是极其难能可贵的发展实践。

　　2013年，中国经济企稳复苏的态势已经基本形成，世界银行、国际货币基金组织等国际机构都已将中国2013年的经济增长率提升到8%以上。湖北未来十年的发展可谓占据了先机，具有很好的"上行趋势"。目前，我国以投资和出口驱动的传统型增长必须加快转型，未来的增长应该建立在内需尤其是居民消费内需驱动的基础上。湖北幅员广阔，推进内需性、内源型的增长具有地域、人口、产业基础、市场潜力、辐射范围等众多有利条件。因此，时代大任要求湖北在全国经济发展中担当更加重要的责任，湖北开创经济发展的"黄金十年"是"大势所趋"，是"因势而动"、"乘势而上"。

　　《山海经》曰："大荒之中……有神，九首人面鸟身，名曰九凤。"凤是楚人的图腾，是至真、至善、至美的化身，是古时楚人审美情感的载体，凝结着湖北人敢为天下先的思想精髓。屈原在千古绝唱《离骚》中吟道，"亦余心之所善兮，虽九死其犹未悔"，"路漫漫其修远兮，吾将上下而求索"，豪迈的诗句彰显着湖北人不畏惧、不退缩、不放弃、有远见、砥砺前行的精神追求和自信。

　　"凤舞九天"的"湖北梦"传递着温暖的正能量，更是带给人民对未来无尽的遐思和期许。"湖北梦"属于所有勤劳智慧的湖北人，"湖北梦"浓缩了所有湖北人对"幸福湖北"、"美丽湖北"的渴望，"湖北梦"要靠每一个有梦有追求的湖北人共同去实现。

目 录

富庶荆楚：曾经的经济辉煌

中国之"中"

打开中国地图，聚焦中部，湖北的版图恰似一只昂首面西的坐狮，让人联想到狮身人面的斯芬克斯神秘而威严的侧影。蜿蜒的中国第一大江长江及其最大的支流汉水，宛若一大一小两条金色的飘带，舞动着这片土地上灵动而壮阔的生机。

湖北地跨东经 108°21′42″—116°07′50″，北纬 29°01′53″—33°6′47″。东邻安徽，南界江西、湖南，西连重庆，西北与陕西接壤，北与河南毗邻。东西长约 740 公里，南北宽约 470 公里。湖北总面积 18.59 万平方公里，占全国总面积的 1.94%。中国之"中"，就在湖北。

位居中国腹地的湖北，是中华民族灿烂文化的重要发祥地之一。从古代至近代，湖北经济社会文化发展的兴衰起伏，浓缩地展现了中国经济社会文化发展的恢弘历程。

春秋战国时期，楚国国力强盛，各业兴旺，产生了老子、庄子、屈原等一大批哲学家、思想家和文学家，历经 800 年，政治、经济、文化都达到鼎盛，创造了辉煌璀璨的楚文化，对中华民族的文化发展做出了重大贡献。

秦汉以降，及至魏晋南北朝时期，湖北地区凭借江河湖泊纵横、沼泽密布、气候温湿、雨量充沛的自然条件，形成了比较发达的农林渔业和手工业，在医学、数学、学术文化事业等方面都取得了很高的成就，武昌（今鄂州）、江陵、襄阳、夏口（今武昌）等城市的逐步兴起与便利的水陆交通促进了商业的发展。

唐宋时期，荆襄鄂地区农业生产成就更为突出，成为全国著名的粮食产区之

湖北版图：一只昂首面西的坐狮

一。茶叶、柑橘等经济作物的生产与贸易得到空前发展，制漆业为全国之冠，麻丝织、竹编天下闻名。经济发展带来文化的兴盛，众多文人墨客如李白、杜甫、白居易、孟浩然、皮日休、岑参、陆羽、米芾等游历荆楚，留下了大量瑰丽诗篇。

明中叶以后，汉口、沙市等城市迅速崛起，交通运输与转口贸易已十分发达。清代，湖北政区正式形成。随着农业生产技术的改进，湖北的农业经济得到长足发展，棉花种植与纺织印染业兴起。以商业贸易带动手工业发展，汉口、沙市、宜昌等城市经济发展迅猛，带动了整个湖北经济社会的发展。鸦片战争以后，汉口、宜昌、沙市相继开埠，湖北逐步沦为半殖民地，地方民族工业遭到沉重打击，交通、金融、财政等重要领域被外国控制，民族灾难日趋深重，阶级矛盾日益激化。至晚清时期，以武汉为中心的湖北洋务运动全面展开，湖北创办了一大批近代企业，倡导和推动了中国民族资本主义经济的发展。

在孙中山先生1919年的《建国方略》①中，有两个宏伟梦想与湖北有直接关联。一个是兴修三峡水坝，另一个是兴建川汉铁路。前者关乎水路交通的疏浚和水力资源的开发，后者则关乎我国东西向陆路交通的开辟。孙中山很早就提出"交通为实业之母，铁路为交通之母"的著名论断，这两个梦想实际上体现了孙中山在湖北推进近代实业发展的愿望和实现路径。

孙中山对于湖北武汉的长远规划更是体现了非凡的远见卓识和宏阔的国际视

① 《建国方略》是1917—1919年孙中山所著《孙文学说》、《实业计划》、《民权初步》三书的合称。关于湖北武汉的发展规划，见该书第三部"建设内河商埠"。

野：“武汉者……实吾人沟通大洋计划之顶水点，中国本部铁路系统之中心，而中国最重要之商业中心也。”“湖北、湖南、四川、贵州四省，及河南、陕西、甘肃三省之各一部，均恃汉口以为与世界交通唯一之港。至于中国铁路既经开发之日，则武汉将更形重要，确为世界最大都市中之一矣。所以为武汉将来立计划，必须定一规模，略如纽约、伦敦之大。”大约百年前，孙中山先生就提出了以武汉为中心构建全国交通网络尤其是铁路网络，把湖北武汉发展成堪比纽约、伦敦的国际大都市的宏大构想，体现了“中部兴，中国兴”的治国理念，展示了令人叹服的战略远见。

中国之“中”，就在湖北。这不仅是地理位置使然，历史发展使然，更是时代重任使然。

湖广熟，天下足

湖北是灵水孕育的沃土，这片土地因水而兴，得水独厚，湖北经济社会发展的过去、现在和未来都与水有着千丝万缕的联系。每一个乘坐飞机来到湖北的人，对湖北的第一印象应该是透过飞机舷窗看到的点缀在湖北大地上大大小小的江河湖泽，江似彩带，湖似珍珠，万千河汉水潭缤纷交错，好一派“水国”景观。

湖北境内除长江和汉水干流外，其他各级河流河长5公里以上的有4 228条，河长100公里以上的有41条，河流总长5.92万公里。湖北素有“千湖之省”的称号，据普查，在20世纪50年代，湖北省面积100亩以上的湖泊有1 332个，其中面积5 000亩以上的湖泊322个。最近的湖泊调查显示，省内100亩以上的湖泊800余个，湖泊总面积2 983.5平方公里，人均水域面积居全国前列。境内湖泊主要分布在土质肥厚的江汉平原，当年一曲《洪湖水，浪打浪》使得湖北湖泊大省、鱼米之乡的声誉名扬海内外。

天赐沃土，泽被苍生。正是在湖北这片神奇的土地上，孕育出中华民族最古老的农耕文化。炎帝神农氏被奉为华夏农耕文化的创始者，他行走于长江、汉水一带，遍尝百草，教化稼穑，播种长谷，推动中华民族由蛮荒的原始状态向农耕文明进化。至今湖北尚有“神农架”等一系列地名、遗迹纪念这位农业始祖，更有“五谷台”成为绵延数千年的神农祭奠之地。三国时曹植曾写下著名的《神农赞》：“少典之胤，火德承木。造为耒耜，导民播谷。正为雅琴，以畅风俗。”意思是说，神农的功绩不仅在于发明农业工具和指导人们按季节收种，更重要的是他改变了民风，教化了民众。

"湖广熟，天下足"，天下粮仓，重在湖北。经过多年建设，湖北农业综合生产能力稳步提高，主要农产品产量位于全国前列，淡水水产品产量位于全国第一，粮、棉、油、猪、禽、蛋、菜、果、茶、中药材、食用菌、魔芋等产品，在全国占有举足轻重的地位。

2012 年，湖北延续 2004 年以来稳定增长的良好态势，实现粮食生产"九连增"，全省粮食总产 2 441.81 万吨，列全国第 11 位。特别值得注意的是，我国是世界上最大的水稻生产和消费国，而湖北水稻耕种面积和总产量持续位居全国前列，湖北每年向外省净调出粮食达 70 亿斤以上。

湖北是全国重要的优质商品棉生产基地，有 1 000 万棉农和近 100 家纺织企业，纱锭 600 万锭以上，常年用棉在 1 000 万担左右，对地方经济的发展有着举足轻重的作用。江汉平原、鄂北和鄂东三大棉花产区，已列入全国棉花优势生产区域发展规划。从棉花生产、收购、加工、棉纺、印染、服装加工到外贸出口，湖北棉纺产业优势令人欣喜，棉纺产品产值、出口额一直居全国前茅。

湖北水果资源丰富，栽培历史悠久，果树面积 35 万公顷，总产量 370 万吨，是全国水果大省之一。"春风疑不到天涯，二月山城未见花。残雪压枝犹有橘，冻雷惊笋欲抽芽。"欧阳修笔下的宜昌橘林，曾经是荒芜萧索的。如今同样的一片土地上，不仅遍野红果似火、汁甜如蜜，更耸立起一座座现代果品加工厂。宜昌开发的"秭归脐橙"属橘类上品，并成功申请到国家地理标志保护。

"布衣暖，菜根香，诗书滋味长"，这是自古以来至纯至美的人生三昧。"小阁烹香茗，疏帘下玉沟"，又是一番怎样的旷达心境和雅致人生！辛勤劳作赢得上天厚馈，湖北人对于幸福生活的解读就是这样简约质朴和充满诗情画意。

江声浩荡，沃野千里，楚天壮阔，湖山朗润。几千年来，灵水沃土吟唱着物华天宝的旋律，培育着湖北人的心智，滋润着湖北人的梦想，承载着湖北人的荣光。

共和国制造业的摇篮之一

湖北省作为中国近代工业的发祥地，曾是我国近代制造业的重要聚集区，是共和国制造业的摇篮之一。1890 年起，张之洞在汉兴办近代工业。"汉阳造"步枪是近代工业的民族名牌和杰出代表。

新中国成立后，湖北之所以驰名，首先是因为圆了国人"一桥飞架南北，天堑变通途"的梦想。据历史档案，在武汉建第一座长江大桥的设想最早由清末湖广总督张之洞提出，用以沟通南北铁路。孙中山先生在《建国方略》中非常详细地指出："在京汉铁路线，于长江边第一转弯处，应穿一隧道过江底，以联络两岸。更于汉水口以桥或隧道，联络武昌、汉口、汉阳三城为一市。至将来此市扩大，则更有数点可以建桥，或穿隧道。"孙中山先生关于建设桥梁连通京汉铁路，以及通过桥梁、隧道扩展武汉这一重要交通枢纽建设的思路已经跃然纸上。1913年、1919年、1935年、1945年、1949年，武汉长江大桥的方案历经五次大型规划设计，融合了包括詹天佑、茅以升等我国桥梁专家以及德国、美国、前苏联等国著名桥梁专家的设计和施工智慧，足见此桥在中国近代发展史上的地位，也足见湖北在中国交通版图上至为重要的枢纽地位。

1955年9月武汉长江大桥动工，1957年9月正式完工。武汉长江大桥是新中国成立后在"天堑"长江上修建的第一座大桥，也是古往今来长江上的第一座大桥，是我国第一座复线铁路、公路两用桥。从全国的宏观角度来看，大桥的建成意义在于将京广铁路连接起来，使得长江南北的铁路运输通畅起来，对促进南北经济的发展起到了重要的作用。大桥通车后，社会、经济效益十分巨大，仅通车的头5年，通过的运输量就达8 000多万吨，缩短火车运输时间约2 400万车小时，节约的货运费超过了整个工程造价。更令人惊叹的是，2002年8—9月，武汉长江大桥进行了首次大修，经中科院专家测评，该桥的寿命至少在100年以上。

南北交通的根本性变化，大大促进了湖北省和武汉市建设进程，进一步奠定了素有"九省通衢"之称的武汉市的全国重要铁路枢纽的地位。

2012年12月26日，京广高铁全线通车，纵贯南北的大动脉进入高速时代。"百年京广"，武汉见证了中国人的铁路梦想。从武汉南至广州、深圳直至香港，北上北京、天津，东达江苏、浙江、上海，西去成都、西安等，均在5小时高铁行程之内，武汉与全国主要城市的距离大为缩短，成就了孙中山所说的"中国本部铁路系统之中心"。

湖北武汉制造业发轫早，门类齐。清末及民国时期，武汉经济曾位居亚洲前列。新中国成立后，武钢、武重、武锅、武船、武鼓、武汉肉联等一大批"武"字头企业陆续建成，极大地提升了武汉的经济地位和城市实力。1959年到改革开放初期，武汉的工业总产值位居中国第二；武汉是长江中游及华中地区的金融中心，为中国四大金融中心之一。

不独武汉，1980年代的湖北沙市成为轻纺工业发展的典范。1980年7月31日，国务院批准国家体改办《关于湖北省沙市经济体制改革综合试点报告》，沙市成为全国第一个经济体制改革综合试点城市。短短数年，在这座当时人口不到30万的城市中，培育了"活力28"、"沙隆达"等一批本土上市公司，建立了一大批合资企业，打造了包括"活力28"洗涤品、"荆江"保温瓶、"鸳鸯"床单、"沙松"冰箱、"沙东"洗衣机等全国知名品牌工业产品。沙市作为"全国明星城市"，曾经是全国中小城市发展的样板。

制造业是湖北传统的主导产业，扮演着全省经济发展引擎和"母基"的角色，在湖北省的财政收入中，制造业上缴税收始终占七成以上，可以说，"制造业兴则湖北兴"。

筚路蓝缕，几番风雨：湖北怎么落后了？

1978—2004年，湖北失去了哪些机遇？

中国经济改革开放之后，湖北经济发展尽管也取得了一些成效，但是不知不觉的，湖北经济发展在许多指标上却渐渐落后于全国平均水平。这一点让人费解，也颇为引人深思。

表1整理了湖北GDP的相关数据，从中我们可以看到，从1978年改革开放直到2003年，湖北尽管在经济增长方面也有很多进步，但是不论是增长速度还是增长水平，均不同程度地出现波动，经济发展的整体水平应该说是"相对落后"了。这主要表现在以下方面。

表1　　湖北省历年地区生产总值（GDP）和相关指标（1978—2012年）

| 年份 | GDP | | | | | | 人均GDP（元） | | |
| | 湖北GDP（亿元） | | 占全国比重 | | 增幅（%） | | 全国 | 湖北 | |
	本币	美元	比重（%）	位次	全国	湖北	（本币）	本币	美元
1978	**151.00**	89.67	4.14	10	11.7	13.5	381	**332**	197
1979	**188.46**	121.20	4.64	9	7.6	15.6	419	**409**	263
1980	**199.38**	133.10	4.39	10	7.8	6.4	463	**428**	286
1981	**219.75**	128.89	4.49	10	5.2	6.5	492	**466**	274
1982	**241.55**	127.60	4.54	10	9.1	11.9	528	**506**	267

年份	GDP						人均GDP(元)		
	湖北GDP(亿元)		占全国比重		增幅(%)		全国 (本币)	湖北	
	本币	美元	比重(%)	位次	全国	湖北		本币	美元
1983	262.58	132.88	4.40	10	10.9	5.9	583	543	275
1984	328.22	141.47	4.55	9	15.2	20.9	695	671	289
1985	396.26	134.92	4.40	10	13.5	16.2	858	801	273
1986	442.04	128.02	4.30	9	8.9	5.5	963	882	255
1987	517.77	139.11	4.29	10	11.6	8.4	1 112	1 018	274
1988	626.52	168.33	4.16	10	11.3	7.8	1 366	1 216	327
1989	717.08	190.46	4.22	9	4.1	4.5	1 519	1 373.6	365
1990	824.38	172.36	4.42	9	3.8	5.0	1 644	1 541.6	322
1991	913.38	171.59	4.19	9	9.2	6.6	1 893	1 668.6	313
1992	1 088.39	197.32	4.04	10	14.2	14.1	2 311	1 962.6	356
1993	1 325.83	230.10	3.75	10	14.0	13.0	2 998	2 361	410
1994	1 700.92	197.35	3.53	10	13.1	13.7	4 044	2 991	347
1995	2 109.38	252.59	3.47	11	10.9	13.2	5 046	3 671	440
1996	2 499.77	300.67	3.51	11	10.0	11.6	5 846	4 311	519
1997	2 856.47	344.57	3.62	11	9.3	11.9	6 420	4 884	589
1998	3 114.02	376.13	3.69	11	7.8	8.6	6 796	5 287	639
1999	3 229.29	390.11	3.60	11	7.6	7.8	7 159	5 452	659
2000	3 545.39	428.24	3.57	12	8.4	8.6	7 858	6 293	760
2001	3 880.53	468.83	3.54	11	8.3	8.9	8 622	6 867	830
2002	4 212.82	508.98	3.50	12	9.1	9.2	9 398	7 437	898
2003	4 757.45	574.78	3.50	12	10.0	9.7	10 542	8 378	1 012
2004	5 633.24	680.59	3.52	12	10.1	11.2	12 336	9 898	1 196
2005	6 590.19	804.50	3.56	12	11.3	12.1	14 185	11 554	1 410
2006	7 617.47	955.35	3.52	12	12.7	13.2	16 500	13 360	1 676

续表

年份	GDP						人均 GDP（元）		
	湖北 GDP（亿元）		占全国比重		增幅（%）		全国	湖北	
	本币	美元	比重（%）	位次	全国	湖北	（本币）	本币	美元
2007	9 333.40	1 240.90	3.51	12	14.2	14.6	20 169	16 386	2 179
2008	11 328.92	1 631.21	3.61	11	9.6	13.4	23 708	19 858	2 859
2009	12 961.10	1 897.39	3.80	11	9.1	13.5	25 575	22 677	3 320
2010	15 806.09	2 359.11	3.94	10	10.4	14.8	30 015	27 339	4 122
2011	19 594.19	2 946.49	4.16	10	9.2	13.8	35 181	34 132	5 295
2012	22 250.16	3 355.98	4.28	9	7.8	11.3	39 947	38 572	6 110

数据来源：全国 GDP 和增长率数据来自《中国统计年鉴》，湖北 GDP 和增长率数据来自《湖北统计年鉴》。

注：

- 1978—1992 年历年 GDP：1992 年进行第一次全国第三产业普查之后，对 1978—1992 年的 GDP 历史数据进行过修订。

- 1993—2004 年历年 GDP：2004 年第一次全国经济普查已对历年数据作出了修订，参见 2006 年及其之后各年份地方统计年鉴与《中国统计年鉴》。

- 2005—2008 年历年 GDP：2008 年第二次全国经济普查已对历年数据作出了修订，参见 2010 年及其之后各年份地方统计年鉴与《中国统计年鉴》。

- 2009 年及其以后各年份 GDP：国家统计局每年对数据作出修订，每年的修订结果见诸隔年的统计年鉴，如 2009 年 GDP 第一次核实数据在 2011 年统计年鉴上公布。GDP 最终修订数据参见之后的全国经济普查。

- "本币"即人民币，人民币折算美元，按国家统计局每年公布的年均价换算。每年的 GDP 数据均为当年价格。

- 2012 年的湖北省 GDP 数据是 2013 年 1 月省统计局发布的预估数据，对应的全国 GDP 数据是 2013 年 1 月国家统计局发布的预估数据。

- 湖北省 GDP 占全国 GDP 的比重根据每年度的统计数据计算，采取四舍五入精确到小数点后两位。

其一，GDP 增长时快时慢，起伏较大，增长路径不尽平顺。例如，1979 年的增速（15.6%）与 1980 年的增速（6.4%）之间差距达 9.2%；1982 年、1983 年、1984 年的增速犹如"过山车"一般，由 11.9% 突降到 5.9%，再陡升至 20.9%，相邻年份之间增速的差距甚至高达 15% 之巨！同时我们发现，由于经济增长起伏跌宕，湖北经济总量的倍增路径也十分曲折。湖北 1978 年 GDP 为 151 亿元，到 1984 年实现倍增，用了约 6 年时间；从 1984 年到 1988 年的倍增用了约 4 年时间；从 1988 年到 1993 年的倍增用了约 5 年时间；从 1993 年到 1997 年的倍增用了约 4 年时间；而从 1997 年到 2004 年的倍增则花了约 7 年时间。

其二，在全国经济中的地位出现较明显的下滑。1978—1994 年，湖北 GDP 在全国的排名徘徊在第 9 位与第 10 位，其中 11 个年份排名第 10 位，排名第 9 位有 6 个年份（分别为 1979 年、1984 年、1986 年、1989 年、1990 年、1991 年）。1995—1999 年湖北 GDP 在全国的排名下滑至第 11 位，2000 年开始则继续下滑至第 12 位，湖北经济总量不仅落后于广东、浙江、山东、江苏，甚至落后于河南和湖南。

其三，增长速度总体较慢。1978—2004 年，湖北 GDP 的增长速度在 9 个年份（分别是 1980 年、1983 年、1986 年、1987 年、1988 年、1991 年、1992 年、1993 年、2003 年）低于全国平均速度。而且我们进一步发现，在此期间，有 7 个年份（分别是 1989 年、1994 年、1998 年、1999 年、2000 年、2001 年、2002 年）湖北 GDP 的增长速度比全国平均增长速度高出不到一个百分点（参见图 1）。以湖北经济发展所具备的自然资源、地理条件、工业基础、人力资源与科教发展等各种优势条件而论，湖北应该呈现出远高于全国平均速度的增长。然而在 1978—2004 年的 27 年间，多达 16 个年份，湖北的经济增长竟然低于或仅仅略高于全国平均增长速度，可见湖北的增长速度总体过慢了。我们还发现，在全国经济总量屡屡实现双位数增长期间，湖北在 1986—1991 年、1998—2003 年先后两次连续 6 年经济增长速度仅为个位数，增长速度的滞缓的确拖累了湖北经济，与许多发达省份在 GDP 方面的差距也由此扩大。

其四，湖北经济在全国的份额下降。在改革开放开始之初，湖北 GDP 在全国 GDP 中的占比 1978 年为 4.14%，1979 年为 4.64%，1978—1992 年均处在 4% 以上，但是起起落落，波动较大。1990 年代开始，湖北 GDP 在全国 GDP 中的占比下滑十分明显，跌落到 4% 以下，1995 年低至 3.47%。1998—2003 年持续 6 年湖北的增长速度均为个位数，湖北 GDP 在全国 GDP 中的占比也再次出现逐年下滑的趋势，到 2002 年和 2003 年下降到 3.50% 的低位（参见图 2）。经济增长亦如逆水行舟，不进则退。所幸的是，2004 年起，湖北经济重新回到双位数的增长速度，连续 9 年增长率高于全国平均速度，由此湖北 GDP 在全国 GDP 中的占比也开始止跌反弹，并呈现出不断上升的势头。

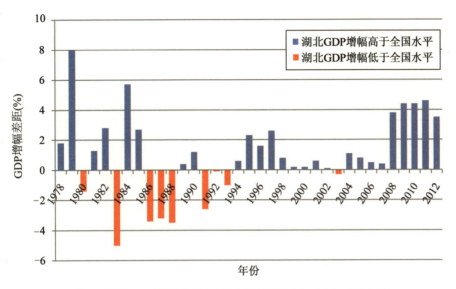

图1　湖北 GDP 增速与全国 GDP 增速的比较（1978—2012 年）

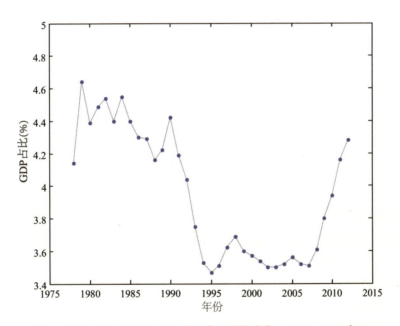

图2　湖北 GDP 在全国 GDP 中所占比重的变化（1978—2012 年）

　　其五，湖北人均 GDP 与全国人均 GDP 水平之间的差距扩大。由表1 和图3 可见，1979 年湖北人均 GDP 为 409 元，是同期全国人均 GDP（419 元）的 97.6%，这是改革开放以来湖北人均 GDP 与全国人均 GDP 的比值的最高值。随后，湖北人

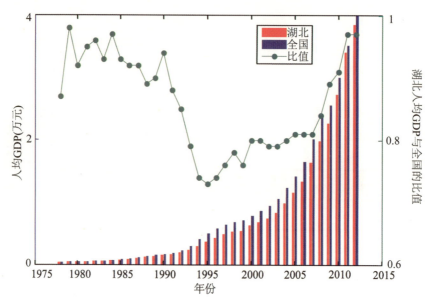

图 3　湖北人均 GDP 与全国人均 GDP 的比较图（1978—2012 年）

均 GDP 与全国平均水平的差距逐渐扩大，湖北人均 GDP 与全国人均 GDP 的比值出现比较明显的下滑，到 1991 年跌落到 88.1%，在 1993—2003 年连续 11 个年份甚至跌落到 80% 以下。

图 4 比较了湖北、广东、上海和江苏在改革开放以来若干年份人均 GDP 相对于全国平均水平的变化。以全国平均水平为 100 计，在 1978 年广东与湖北的人均 GDP 都低于全国平均水平，江苏略高于全国平均水平，上海则大大高于全国平均水平。经过改革开放 30 年的发展，江苏和广东的人均 GDP 与上海的差距明显缩小，并且这三个省市的人均 GDP 从 1980 年代至今一直高出全国平均水平。湖北的人均 GDP 在 1978 年开始的 20 多年间越来越落后于上海、江苏和广东，与全国平均水平的差距也出现了扩大。所幸的是，2004 年开始，湖北经济增长出现转机，2004—2012 年已经连续 9 年实现双位数增长，湖北人均 GDP 与全国人均 GDP 的比值也再度反弹，2011 年和 2012 年已经达到 97%，几乎恢复到该项指标在改革开放以来的最高值。

1978—2004 年，我国经济体制改革如火如荼地开展，先后推出了沿海经济特区开放、上海浦东新区开发、振兴东北老工业基地、西部大开发等一系列国家层次的重要发展战略，然而，湖北的经济增长却错失了改革开放带来的许多机遇，在经济总量、增长速度、人均 GDP 等各个方面均与全国平均水平逐步拉开了差距。相

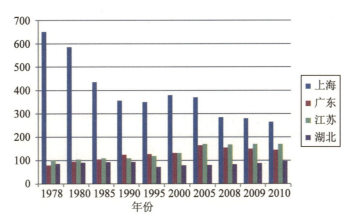

图4　湖北、广东、上海、江苏人均 GDP 相对水平的变化（全国平均水平 = 100）

比之下，广东、上海、江苏等省市则分别在不同时期把握了改革开放的政策优势和机遇，先后在十年左右的时间连续快速增长，实现了地区生产总值的倍增和人民生活水平的较快提高。

　　下面我们逐一解读这些省市经历的经济发展"黄金十年"的故事，并从中思索：湖北与这些省市的差距是怎样扩大的？湖北下一步应该怎样重振旗鼓、再创辉煌？

1980年代的南粤风云：广东发展"黄金十年"

　　广东是我国改革开放的前哨，也是充分享受我国"改革开放红利"，率先实现经济腾飞的一个重要省份。1980 年代，广东率先推进以市场经济为导向的经济改革，建立了深圳、珠海和汕头等国家级经济特区、珠江三角洲经济区、沿海开放城市，取得了改革和对外开放的先机。1990 年代开始，广东尝试建立社会主义市场经济框架，积极应对和化解了 1997 年东亚金融风波的冲击，经济发展保持一路领先。进入 21 世纪，市场经济与宏观调控有机结合的实践，催生出科学发展新模式，使广东综合实力不断跃升。

　　国家统计局数据显示，1952 年广东 GDP 在全国排名仅为第 8 位，在 1978—1980 年我国改革开放启动之时，广东 GDP 在全国的排名也只是第 5 位；但是，经过 1980 年代的快速发展，到 1989 年广东 GDP 在全国的位次迅速上升到第 1 位，并且此后广东 GDP 持续居于全国第 1 位。回顾起来，广东的经济发展在 1980 年代的十年至为关键，堪称广东发展"黄金十年"。

我们通过整理广东省历年生产总值（GDP）和相关指标（参见表 2），可以剖析广东 1980 年代"黄金十年"发展之重要。

表 2　　　广东省历年生产总值（GDP）和相关指标（1978—2012 年）

年份	GDP						人均 GDP(元)		
	广东 GDP(亿元)		占全国比重		增幅(%)		全国	广东	
	本币	美元	比重(%)	位次	全国	广东	(本币)	本币	美元
1978	185.85	110.36	5.10	5	11.7	1.0	381	370	220
1979	209.34	134.62	5.15	5	7.6	8.5	419	410	264
1980	249.65	166.65	5.49	5	7.8	16.6	463	481	321
1981	290.36	170.3	5.94	4	5.2	9.0	492	550	323
1982	339.92	179.57	6.38	3	9.1	12.0	528	633	334
1983	368.75	186.62	6.18	3	10.9	7.3	583	675	342
1984	458.74	197.73	6.36	3	15.2	15.6	695	827	357
1985	577.38	196.59	6.40	3	13.5	18.0	858	1 026	349
1986	667.53	193.32	6.50	3	8.9	12.7	963	1 164	337
1987	846.69	227.48	7.02	3	11.6	19.6	1 112	1 443	388
1988	1 155.37	310.42	7.68	2	11.3	15.8	1 366	1 926	517
1989	1 381.39	366.9	8.14	1	4.1	7.2	1 519	2 251	598
1990	1 559.03	325.95	8.35	1	3.8	11.6	1 644	2 484	519
1991	1 893.30	355.68	8.69	1	9.2	17.7	1 893	2 941	553
1992	2 447.54	443.72	9.09	1	14.2	22.1	2 311	3 699	671
1993	3 469.28	602.1	9.82	1	14.0	23.0	2 998	5 085	883
1994	4 619.02	535.91	9.60	1	13.1	19.7	4 044	6 530	758
1995	5 933.05	710.46	9.76	1	10.9	15.6	5 046	8 129	973
1996	6 834.97	822.1	9.60	1	10.0	11.3	5 846	9 139	1 099
1997	7 774.53	937.82	9.84	1	9.3	11.2	6 420	10 130	1 222
1998	8 530.88	1 030.42	10.10	1	7.8	10.8	6 796	10 819	1 307
1999	9 250.68	1 117.50	10.32	1	7.6	10.1	7 159	11 415	1 379
2000	10 741.25	1 297.41	10.83	1	8.4	11.5	7 858	12 736	1 538
2001	12 039.25	1 454.54	10.98	1	8.3	10.5	8 622	13 852	1 674

凤舞九天：湖北发展的『黄金十年』

续表

| 年份 | GDP | | | | | | | 人均GDP（元） | | |
| | 广东GDP（亿元） | | 占全国比重 | | 增幅（%） | | 全国 | 广东 | | |
	本币	美元	比重（%）	位次	全国	广东	（本币）	本币	美元
2002	13 502.42	1 631.32	11.22	1	9.1	12.4	9 398	15 365	1 856
2003	15 844.64	1 914.30	11.66	1	10.0	14.8	10 542	17 798	2 150
2004	18 864.62	2 279.16	11.80	1	10.1	14.8	12 336	20 876	2 522
2005	22 557.37	2 753.69	12.20	1	11.3	14.1	14 185	24 647	3 009
2006	26 587.76	3 334.52	12.29	1	12.7	14.8	16 500	28 747	3 605
2007	31 777.01	4 224.82	12.00	1	14.2	14.9	20 169	33 890	4 506
2008	36 796.71	5 298.23	11.71	1	9.6	10.4	23 708	38 748	5 579
2009	39 482.56	5 779.91	11.58	1	9.1	9.7	25 575	41 166	6 026
2010	46 013.06	6 548.97	11.46	1	10.4	12.2	30 015	44 736	6 367
2011	53 210.28	8 297.25	11.28	1	9.2	10.0	35 181	50 807	7 922
2012	57 067.92	9 162.51	10.97	1	7.8	7.7	39 947	54 095	8 570

数据来源：全国 GDP 和增长率数据来自《中国统计年鉴》，广东 GDP 和增长率数据来自《广东统计年鉴》。

注：

- 1978—1992 年历年 GDP：1992 年进行第一次全国第三产业普查之后，对 1978—1992 年的 GDP 历史数据进行过修订。

- 1993—2004 年历年 GDP：2004 年第一次全国经济普查已对历年数据作出了修订，参见 2006 年及其之后各年份地方统计年鉴与《中国统计年鉴》。

- 2005—2008 年历年 GDP：2008 年第二次全国经济普查已对历年数据作出了修订，参见 2010 年及其之后各年份地方统计年鉴与《中国统计年鉴》。

- 2009 年及其以后各年份 GDP：国家统计局每年对数据作出修订，每年的修订结果见诸隔年的统计年鉴，如 2009 年 GDP 第一次核实数据在 2011 年统计年鉴上公布。GDP 最终修订数据参见之后的全国经济普查。2012 年数据是 2013 年广东"两会"发布的初步核算数据。

- "本币"即人民币，人民币折算美元，按国家统计局每年公布的年均价换算。

- 广东省 GDP 占全国 GDP 的比重根据每年度的统计数据计算，采取四舍五入精确到小数点后两位。

其一，经济增长速度极其突出。 1980—1989 年广东 GDP 平均年增长速度高达

20.1.％（见图5的左轴GDP总量）。具体而言，10年中有8个年份增速大大快于全国平均水平，其中1980年广东GDP增速比全国平均水平高8.8个百分点；10年中有7个年份增长速度为双位数，最快的年增速达19.6％（1987年）。正是由于保持了较高的增长速度，广东GDP在全国的排名得以由1980年的第5位跃升到1989年的第1位。

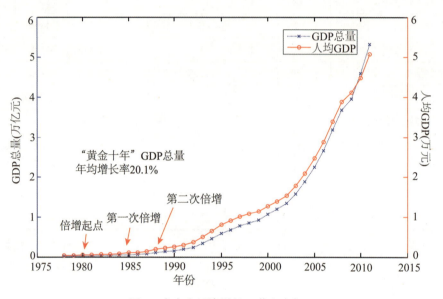

图5　广东省经济增长"黄金十年"

注：广东"黄金十年"GDP年均增长率、人均GDP的倍增时间，根据统计数据计算得出。

其二，人均GDP水平迅速提升。由表2可见，在1978年和1979年，广东省的人均GDP都低于全国平均水平，但是从1980年开始，广东的人均GDP超过全国平均水平，并持续以较快的速度提高，到1989年广东人均GDP已经达到全国平均水平的148.19％。在这十年间，广东省的人均GDP连续实现了两次倍增（参见图6）。1980年代广东省发展速度之快在我国各个省份中是前所未有的，广东由此一跃成为我国经济改革开放和发展的领头羊。

其三，广东自1980年代开始，形成了人均GDP加速倍增的良好势头。统计数据表明，1978年广东的人均GDP仅为220美元，1988年为517美元，1996年为1 099美元，2003年为2 150美元，2006年为3 605美元，2009年为6 026美元，2010年为6 367美元（大约相当于当时哈萨克斯坦的人均GDP水平）。从200美元

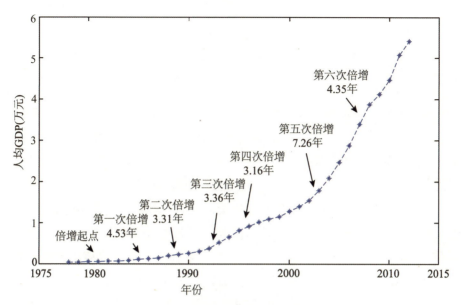

图6 广东省人均 GDP 倍增路径（1978—2012 年）

注：广东人均 GDP 的倍增时间，根据统计数据计算得出。

到 500 美元用了约 10 年时间；从 500 美元到 1 000 美元用了约 8 年时间；从 1 000
美元到 2 000 美元用了约 7 年时间；从 2 000 美元到 3 000 美元用了约 3 年时间；从
3 000 美元到 6 000 美元用了约 4 年时间。

由图6 可见，1980—2010 年，广东省人均 GDP 总共出现了 6 次倍增，其中 5
次倍增所用的时间不到 5 年，人均 GDP 倍增呈现出稳健的步伐。这充分说明广东
的发展不是昙花一现，也不是短期行为，而是在 1980 年代推进快速发展之初就打
下了可持续发展的坚实基础。

**其四，广东 1980 年代的"黄金十年"奠定了广东开放型的发展模式，建立了
参与国际竞争的经济基础。** 1980 年广东 GDP 总量相当于同期世界各国 GDP 排名第
55 位，2000 年为第 30 位，2005 年为第 27 位。就经济总量而言，广东已是"富可
敌国"的中国强省。就人均 GDP 而言，1980 年广东人均 GDP 只有 321 美元，居世
界第 110 位；2000 年人均 GDP 升至 1 538 美元，居世界第 96 位；2005 年人均 GDP
升至 3 009 美元，跃居世界第 83 位。即广东人均 GDP 在 1980—2000 年上升了 14
个位次，2000—2005 年上升了 13 个位次。

1990年代的浦东物语：上海发展"黄金十年"

上海是个特殊的城市，不仅在中国，而且在亚洲和世界经济中都是重要的地标。早在20世纪二三十年代，开埠颇早的上海就发展成"冒险家的乐园"，上海时常与香港并称为东亚繁华之地。以张爱玲小说为代表的文学作品，往往通过港沪两地饮食男女的生活百态，描摹近代中国都市的影像和时代的变迁。

然而，在改革开放之前，上海的发展大起大落，经济封闭，不论是经济结构、产值水平、人均收入水平，还是开放程度等，均无法与国际大都市香港同日而语。1980年代的经济改革和发展从广东发轫，当广东省的改革开放和经济发展突飞猛进之时，上海的经济发展却乏善可陈。例如，上海市1980年GDP为311.89亿元，到1989年增长到696.54亿元，10年间年均增长38.465亿元，而在1980—1982年，每年GDP增量尚不足13亿元（参见表3）。又如，1980年广东GDP为249.65亿元，是同期上海水平的80%，然而到1989年，广东GDP达到1 381.39亿元，是同期上海GDP的1.98倍。再如，上海1980年人均GDP为1 829美元，由于人民币贬值和发展过慢，到1990年上海人均GDP反而下降到1 236美元。

表3　　　上海市历年生产总值（GDP）和相关指标（1978—2012年）

年份	上海GDP（亿元）	人均GDP（元）	人均GDP指数		人均GDP（美元）
			以1978年为100	以上年为100	
1978	272.81	2 485	100.0	114.9	1 445
1979	286.43	2 556	105.3	105.3	1 787
1980	311.89	2 725	111.8	106.2	1 829
1981	324.76	2 800	116.5	104.2	1 642
1982	337.07	2 864	123.0	105.6	1 513
1983	351.81	2 947	130.7	106.3	1 492
1984	390.85	3 232	144.0	110.2	1 389
1985	466.75	3 811	161.3	112.0	1 298
1986	490.83	3 956	166.1	103.0	1 146
1987	545.46	4 340	176.2	106.1	1 166

续表

年份	上海 GDP（亿元）	人均 GDP（元）	人均 GDP 指数		人均 GDP（美元）
			以 1978 年为 100	以上年为 100	
1988	648.30	5 080	191.0	108.4	1 365
1989	696.54	5 362	193.3	101.2	1 424
1990	781.66	5 911	196.6	101.7	1 236
1991	893.77	6 661	207.6	105.6	1 251
1992	1 114.32	8 208	235.6	113.5	1 488
1993	1 519.23	11 061	268.1	113.8	1 920
1994	1 990.86	14 328	303.2	113.1	1 662
1995	2 499.43	17 779	342.3	112.9	2 129
1996	2 957.55	20 647	380.0	111.0	2 483
1997	3 438.79	23 397	417.6	109.9	2 822
1998	3 801.09	25 206	448.9	107.5	3 045
1999	4 188.73	27 071	483.0	107.6	3 270
2000	4 771.17	30 047	522.6	108.2	3 630
2001	5 210.12	31 799	569.1	108.9	3 906
2002	5 741.03	33 958	630.6	110.8	4 282
2003	6 694.23	38 486	687.4	109.0	4 848
2004	8 072.83	44 839	758.9	110.4	5 649
2005	9 247.66	49 648	829.5	109.3	6 413
2006	10 572.24	54 858	915.8	110.4	7 381
2007	12 494.01	62 040	1 032.1	112.7	8 946
2008	14 069.87	66 932	1 110.5	107.6	10 815
2009	15 046.45	69 165	1 181.6	106.4	11 563
2010	17 165.98	76 074	1 298.6	109.9	10 827
2011	19 195.69	82 560	1 409.0	108.5	12 784
2012	20 101.33	84 442.7	1 441.4	102.3	13 378

数据来源：《中国统计年鉴》和《上海统计年鉴》。

注：1978—1992 年的人均 GDP 按户籍人口计算，1993 年以后按半年以上常住人口计算。人民币折算美元，按国家统计局每年公布的年均价换算。2012 年数据为 2013 年上海"两会"发布的 GDP 初步核算数据。

上海的快速发展是从 1990 年开始的，标志性事件是 1990 年 4 月 18 日，党中央、国务院宣布开发和开放上海浦东。在当时特别复杂和艰难的国际国内发展环境下，中国改革开放的总设计师邓小平把目光聚焦到上海，酷爱桥牌的他打了一个比方："比如抓上海，就算一个大措施。上海是我们的王牌，把上海搞起来是一条捷径！"从此，浦东开发和开放成为一项跨世纪的国家战略，1990 年代成为上海经济发展的"黄金十年"。

表 3 的数据从多个方面展示了上海 1990 年代推动经济发展"黄金十年"的辉煌成绩。

其一，上海的地区生产总值（GDP）和人均 GDP 实现了快速增长。如图 7 所示，在 1990 年代上海"黄金十年"的发展中，GDP 年均增长率高达 19.83%。1990 年上海 GDP 为 781.66 亿元，1992 年为 1 114.32 亿元，1994 年为 1 990.86 亿元，1997 年为 3 438.79 亿元，1999 年为 4 188.73 亿元，2001 年为 5 210.12 亿元。上海 GDP 由不足 800 亿元到迈入 1 000 亿元，用了 2 年时间；由 1 000 亿元到 2 000 亿元、3 000 亿元、4 000 亿元，再进一步到 5 000 亿元，每个千亿元的 GDP 增长都只用了大约 2 年时间。2000 年的 GDP 总量达到 1990 年的 6.1 倍。同时，从 1990 年开始，上海的人均 GDP 在十年内经历了两次倍增，这也是上海近代经济发展史上前所未有的。

其二，上海 1990 年代经济发展的"黄金十年"是在更为复杂的国际国内经济形势下实现的。1990 年初乱云飞渡，中国在改革开放、经济建设、国内稳定以及国际关系方面同时遭遇严重困难；1997 年发端的东亚金融危机对于我国沿海地区的外向型经济发展产生了很大的负面影响。因此，上海在 1990 年代的年均 GDP 增速高达 19.83%，十年均为双位数，1992—1996 年人均 GDP 连续 5 年增长速度为双位数，实为不易，是地区经济发展逆势而上的一个样板。

其三，上海在经济发展中率先推动了经济结构转变。1995 年 3 月，一批专家、学者三十余人在浦东川沙一家宾馆里"头脑风暴"三天三夜，最终形成了一份报告提交中央，请求浦东在服务贸易领域对外资先行先试开放。那时，中国改革开放最初只是制造业对外开放，服务业不对外开放，浦东提出开放以金融业为首的现代服务业，重点发展，这不仅是上海，而且是我国经济结构转型过程中的一个突破。这份报告于 1995 年 4 月获得国务院批复，并形成了后来的国务院"61 号文件"。

在 1990 年，上海服务业在 GDP 中的占比仅为 30.9%，1995 年为 40.8%，

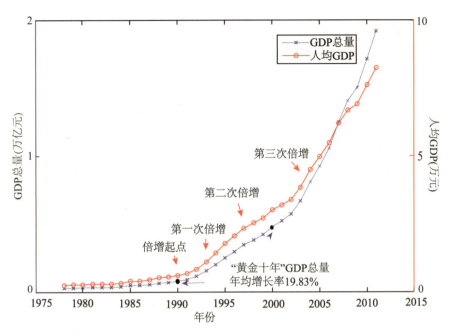

图7 上海GDP和人均GDP增长（1978—2012年）

1999年达到50.7%，这也是我国城市服务业的GDP占比首次突破50%。上海在1990年代率先探索我国现代化城市发展新模式，高起点规划建设基础设施，高标准发展高新技术产业和现代服务业，打造外向型、多功能、现代化新城区，建设国际区域性经济、金融、贸易、航运中心，这些探索不仅为上海在21世纪的发展奠定了基础，而且为我国推进经济结构转变积累了经验。

其四，上海把握1990年代的"黄金十年"发展机遇，缩小了与香港等国际都市的差距。就GDP而言，我们将上海和香港这两个20世纪三四十年代"双城记"的主角再次进行对比（参见表4和图8）。1990年，上海GDP折算成美元为163.42亿，仅为同期香港GDP（754亿美元）的21.67%。由于人民币汇率不断贬值，而港元汇率保持稳定，随后几年间，上海与香港的差距仍然较大。1997年，香港GDP为1 737亿美元，是同期上海GDP的4倍多。1997年，亚洲金融危机爆发，香港经济持续下滑，直到2005年，香港GDP才恢复到1997年的水平。在此期间，上海经济继续高速增长，上海与香港的差距不断缩小。1999年，香港GDP是上海的3倍；2003年，香港GDP差不多是上海的2倍；到2008年，上海GDP已经达到香港的92%。

表4

1988—2008 年上海和香港 GDP 变化情况

年份	上海			香港		
	GDP（亿元）	年平均汇率	GDP（亿美元）	GDP（亿港元）	年平均汇率	GDP（亿美元）
1988	648.30	3.7221	174.18	4 572	7.8020	586
1989	696.54	3.7651	185.00	5 271	7.7973	676
1990	781.66	4.7832	163.42	5 876	7.7931	754
1991	893.77	5.3233	167.90	6 772	7.7661	872
1992	1 114.32	5.5146	202.07	7 913	7.7427	1 022
1993	1 519.23	5.7620	263.66	9 128	7.7356	1 180
1994	1 990.86	8.6187	230.99	10 298	7.7254	1 333
1995	2 499.43	8.3510	299.30	10 963	7.7368	1 417
1996	2 957.55	8.3142	355.72	12 109	7.7324	1 566
1997	3 438.79	8.2898	414.82	13 445	7.7404	1 737
1998	3 801.09	8.2791	459.12	12 799	7.7476	1 652
1999	4 188.73	8.2783	505.99	12 461	7.7590	1 606
2000	4 771.17	8.2784	576.34	12 883	7.7890	1 654
2001	5 210.12	8.2770	629.47	12 699	7.8004	1 628
2002	5 741.03	8.2770	693.61	12 474	7.8011	1 599
2003	6 694.23	8.2770	808.77	12 198	7.7843	1 567
2004	8 072.83	8.2768	975.36	12 919.23	7.7880	1 658.86
2005	9 247.66	8.1917	1 118.71	13 825.90	7.7773	1 777.72
2006	10 572.24	7.9718	1 300.38	14 753.57	7.7678	1 899.32
2007	12 494.01	7.6099	1 577.05	16 150.16	7.8020	2 070.00
2008	14 069.87	6.9385	1 974.22	16 785.14	7.8000	2 151.94

数据来源：各年份《上海统计年鉴》和《香港统计数据》。

2008 年、2009 年、2011 年上海的 GDP 分别超过新加坡、中国香港、韩国首尔，上海用占全国 0.06% 的土地面积创造了占全国 GDP 4.1% 的生产总值，人均 GDP 于 2008 年在全国各省市中率先突破 10 000 美元。2012 年估算的上海人均 GDP 达 13 378 美元，可列于世界各国人均 GDP 的第 48 位，排在俄罗斯之前。

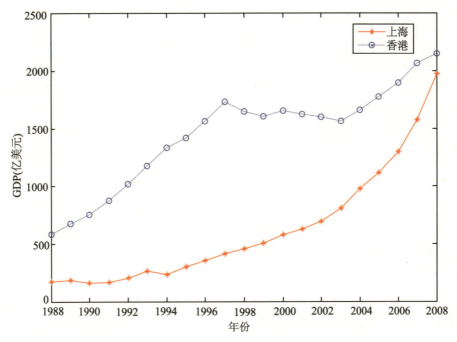

图 8　上海 GDP 与香港 GDP 的比较（1988—2008 年，以美元计）

数据来源：各年份《上海统计年鉴》和《香港统计数据》。

回顾上海的发展历程，上海在 GDP 总量、人均收入、经济结构以及国际竞争力等方面取得了许多开拓性的成就，而这些都与以浦东新区开发为代表的 1990 年代上海发展 "黄金十年" 有着密不可分的联系。

2000年代的江淮故事：江苏发展 "黄金十年"

江苏省的经济发展在全国几乎始终占据十分重要的地位。在改革开放之初，江苏的人均 GDP 就高于全国平均水平；从 1978 年到目前为止，江苏 GDP 在全国的排名从来都列在前三之内，这在全国各个省份中是独一无二的。然而，最为有声有色的江淮故事要数进入 21 世纪之后江苏经济的迅猛发展，我们把 2000—2009 年称为江苏经济发展的 "黄金十年"。

我们仔细研究了江苏自改革开放以来的经济发展数据（参见表 5），可以看到一条后来居上的发展路径。江苏的经济发展在1980年代曾经明显逊色于广东。1980年江苏GDP曾位居全国第一，但是到1989年，广东凭借十年努力登上GDP全国第一的宝座，而江苏则下滑到了第3位。如果就人均GDP而言，江苏1980年人均GDP为361美元，到1990年人均GDP也只达到441美元，并且这期间有5个年份以美元计的人均GDP是下降或持平的，可见，1980年代江苏尽管生产总值仍然增长，但是增长效益明显不足。

同样，江苏经济发展在1990年代也不如上海突出。在1990年代，江苏自从让出GDP第1位的宝座之后，就一直与山东争夺第二的排位，10年间有3个年份排名第三，7个年份排名第二。以美元计的人均GDP在1990年为441，1996年为1 019，1999年为1 292，10年间年均增长仅85美元。人均GDP由1990年的441美元实现倍增用了5年多时间，而人均GDP跨入1 000美元门槛后，历时8年时间，直到2003年才迈入2 000美元的门槛。就在全国GDP中的占比而论，江苏从1988年开始，该占比连续3年出现下滑。

然而，从2000年开始，江苏这个传统的经济发达省份再次启动了一轮稳健而快速的增长。就经济总量而言，江苏不断缩小了与广东的差距。2012年江苏GDP估算达5.4万亿元，与广东GDP（估算5.7万亿元）之间的差距已经很小，大有重回GDP排名第一的趋势。就人均GDP而言，江苏在2002年曾经落后于京津沪以及浙江和广东，排名第六，但是到2011年，江苏人均GDP达到9 713美元，仅次于天津、上海和北京三个直辖市，是全国各省份中最高的。2012年江苏人均GDP更是达到10 813美元，与世界各国人均GDP相比，可以排在第41位。

表5　　　　　　江苏省历年GDP和相关指标（1978—2012年）

| 年份 | GDP | | | | | | 人均GDP（元） | | |
| | 江苏GDP（亿元） | | 占全国比重 | | 增幅（%） | | 全国 | 江苏 | |
	本币	美元	比重（%）	位次	全国	江苏	（本币）	本币	美元
1978	249.24	148.00	6.84	2	11.7	24.6	381	430	255
1979	298.55	191.99	7.34	1	7.6	12.0	419	509	327
1980	319.80	213.48	7.03	1	7.8	4.8	463	541	361
1981	350.02	205.29	7.15	1	5.2	10.9	492	586	344
1982	390.17	206.11	7.33	2	9.1	9.8	528	645	341

续表

年份	GDP						人均 GDP（元）		
	江苏 GDP（亿元）		占全国比重		增幅（%）		全国	江苏	
	本币	美元	比重(%)	位次	全国	江苏	（本币）	本币	美元
1983	437.65	221.48	7.34	2	10.9	12.3	583	716	362
1984	518.85	223.64	7.20	2	15.2	15.7	695	843	363
1985	651.82	221.93	7.23	2	13.5	17.3	858	1 053	358
1986	744.94	215.74	7.25	1	8.9	10.4	963	1 193	346
1987	922.33	247.80	7.65	1	11.6	13.4	1 112	1 462	393
1988	1 208.85	324.79	8.04	1	11.3	19.6	1 366	1 891	508
1989	1 321.85	351.09	7.78	3	4.1	2.5	1 519	2 038	541
1990	1 416.50	296.15	7.59	3	3.8	5.0	1 644	2 109	441
1991	1 601.38	300.84	7.03	3	9.2	8.3	1 893	2 353	442
1992	2 136.02	387.24	7.93	3	14.2	25.6	2 311	3 106	563
1993	2 998.16	520.33	8.49	2	14.0	19.8	2 998	4 321	750
1994	4 057.39	470.75	8.42	2	13.1	16.5	4 044	5 801	673
1995	5 155.25	617.32	8.48	2	10.9	15.4	5 046	7 319	876
1996	6 004.21	722.18	8.43	2	10.0	12.2	5 846	8 471	1 019
1997	6 680.34	805.83	8.46	2	9.3	12.0	6 420	9 371	1 130
1998	7 199.95	869.66	8.53	2	7.8	11.0	6 796	10 049	1 214
1999	7 697.82	929.91	8.58	2	7.6	10.1	7 159	10 695	1 292
2000	8 553.69	1 033.18	8.62	2	8.4	10.6	7 858	11 765	1 421
2001	9 456.84	1 142.54	8.62	2	8.3	10.2	8 622	12 882	1 556
2002	10 606.85	1 281.48	8.81	2	9.1	11.7	9 398	14 396	1 739
2003	12 442.87	1 503.31	9.16	2	10.0	13.6	10 542	16 830	2 033
2004	15 003.60	1 812.69	9.38	3	10.1	14.8	12 336	20 223	2 443
2005	18 598.69	2 270.43	10.05	2	11.3	14.5	14 185	24 953	3 046
2006	21 742.05	2 727.37	10.05	3	12.7	14.9	16 500	28 943	3 631
2007	26 018.48	3 421.68	9.79	2	14.2	14.9	20 169	34 294	4 510
2008	30 981.98	4 460.98	9.87	2	9.6	12.7	23 708	40 499	5 831
2009	34 457.30	5 044.25	10.11	2	9.1	12.4	25 575	44 744	6 550

年份	GDP						人均 GDP（元）		
	江苏 GDP（亿元）		占全国比重		增幅（%）		全国	江苏	
	本币	美元	比重(%)	位次	全国	江苏	（本币）	本币	美元
2010	41 425.48	5 896.03	10.32	2	10.4	13.5	30 015	52 840	7 520
2011	49 110.27	7 657.92	10.41	2	9.2	11.0	35 181	62 290	9 713
2012	54 058.20	8 773.51	10.41	2	7.8	10.1	39 947	68 255	10 813

数据来源：《中国统计年鉴》与《江苏统计年鉴》。

注：

- 1978—1992 年历年 GDP：1992 年进行第一次全国第三产业普查之后，对 1978—1992 年的 GDP 历史数据进行过修订。
- 1993—2004 年历年 GDP：2004 年第一次全国经济普查已对历年数据作出了修订，参见 2006 年及其之后各年份地方统计年鉴与《中国统计年鉴》。
- 2005—2008 年历年 GDP：2008 年第二次全国经济普查已对历年数据作出了修订，参见 2010 年及其之后各年份地方统计年鉴与《中国统计年鉴》。
- 2009 年及其以后各年份 GDP：国家统计局每年对数据作出修订，每年的修订结果见诸隔年的统计年鉴，如 2009 年 GDP 第一次核实数据在 2011 年统计年鉴上公布。GDP 最终修订数据参见之后的全国经济普查。2012 年数据为 2013 年江苏"两会"发布的 GDP 初步核算数据。
- "本币"即人民币，人民币折算美元，按国家统计局每年公布的年均价换算。
- 江苏省 GDP 占全国 GDP 的比重根据每年度的统计数据计算，采取四舍五入精确到小数点后两位。

江苏 2000—2009 年经济发展的"黄金十年"取得的成绩是非常引人注目的。

其一，江苏 GDP 在全国 GDP 中的占比得到迅速提高。GDP 在全国的占比可以比较好地刻画一个省份在全国的经济地位。1978 年以来，江苏 GDP 在全国的占比基本上是稳步上升的，从 1978 年的 6.84%，逐步跨过 7%、8% 的大关，但是在 1980 年代、1990 年代上升的幅度不大，并且时有波动。2000 年江苏 GDP 在全国的占比为 8.62%，此后呈现出较快的上升势头。10 年间有 7 个年份高于 9%，有 3 个年份突破了 10% 大关（分别为 2005 年、2006 年、2009 年）。

与表 2 对照，广东 GDP 在全国的占比在 2000 年为 10.83%，随后出现先升后降的格局，最高在 2006 年为 12.29%，到 2009 年下降到 11.58%。而江苏在 2000—2009 年则以非常强劲的势头不断提升了在全国 GDP 中的占比。目前，江苏

GDP 在全国的占比稳定在 10.4% 以上，并且江苏 GDP 总量与广东的差距已经大为缩小，在 2000 年，江苏 GDP 为 8 553.69 亿元，相当于同期广东水平（10 741.25 亿元）的 79.63%；到 2012 年，江苏 GDP 达到 54 058.20 亿元，相当于同期广东水平（57 067.92 亿元）的 94.73%。

其二，江苏的经济增长速度高且稳健。江苏自 1992 年开始，出现了连续长达 21 年的双位数增长，最高为 1992 年（25.6%），最低为 1999 年（10.1%），这在我国所有省份中是唯一的。在 2000—2009 年 10 年间，江苏 GDP 的年均增长率高达 17.09%，并且不同年份之间经济增速的波动很小。在图 9 中，江苏 GDP 总量在 2000—2009 年的增长呈现出一条十分陡直和平滑的上升线段。维持较快且平稳的增长速度和路径，这是江苏发展迅速的一个关键因素。

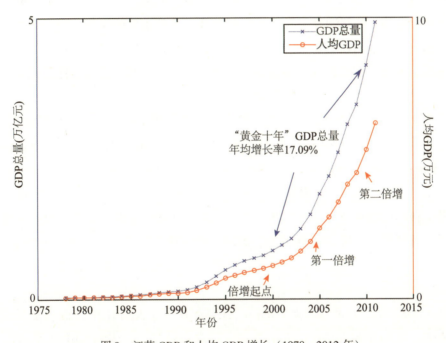

图 9　江苏 GDP 和人均 GDP 增长（1978—2012 年）

注：江苏 GDP 年均增长率、人均 GDP 的倍增时间根据统计数据计算得出。

其三，江苏的人均 GDP 进入快速倍增时期。2000 年江苏以美元计的人均 GDP 为 1 421，2003 年为 2 033，2005 年为 3 046，2007 年为 4 510，2008 年为 5 831，2009 年为 6 550。人均 GDP 由 1 000 美元（1996 年达到 1 019 美元）迈入 2 000 美元用了 8 年时间；由 2 000 美元跨入 3 000 美元用了 2 年时间；由 3 000 美元跨入 4 000 美元用了 2 年时间；而实现 5 000 美元、6 000 美元的跨越分别仅用了 1 年左右的时间。在2000—2009年，江苏的人均GDP实现了两次倍增（参见图9）。

2012年初步核算的江苏人均GDP已达到10 813美元。借此势头发展下去，在全国除了京津沪直辖市之外的各省份中，江苏很可能率先跨越中等收入发展阶段，迈入高收入发展阶段。

湖北与发达省份的差距日益扩大

改革开放以来，我国相继有一些沿海省市通过对外开放、对内搞活的一系列改革措施，在不同时期创造了经济快速发展的业绩，迅速提升了该省（市）的经济地位和综合实力，在我国经济发展战略中发挥了非常重要的作用。前文所述的广东、上海和江苏分别在1980年代、1990年代和2000年代书写了精彩夺目的经济发展篇章，而湖北在过去30年间错失了一些发展机遇，与沿海发达地区的差距拉大。

由图10可见，在改革开放初期，湖北在GDP总量方面与广东、上海、江苏的差距并不大。广东在1980年代率先取得突破，在全国最早进入"GDP万亿俱乐部"；上海在1990年代发力，在直辖市中最早进入"GDP万亿俱乐部"；而江苏自2000年以来发展势头强劲，甚至有赶超广东、重回改革开放之初省级GDP第1位的趋势。1978—2004年，湖北GDP的增长趋势总体比较平缓，因而与发达省份之间的差距逐渐扩大。从2004年开始，湖北重拾快速发展势头，推动了一轮连续9年双位数的经济增长，湖北GDP总量终于在2011年超过了上海，2012年重回全国第9位。

图11显示的是湖北与广东、上海、江苏相比，在人均GDP方面的发展趋势变化路径。上海作为直辖市，人口较少，且农业负担小，人均GDP水平自改革开放以来基本上是一枝独秀。1978年湖北人均GDP为332元，相当于同期广东水平（370元）的89.73%，江苏水平（430元）的77.21%，可见湖北当时人均GDP水平与发达省份之间的差距并不大。广东通过1980年代"黄金十年"的快速发展，在1988年实现了人均GDP水平对江苏的超越。江苏则在2000年代快速发展，在2005年，江苏的人均GDP水平再次反超广东，成为除直辖市之外人均GDP最高的省份。湖北由于较长时期经济发展速度不够快，到2004年人均GDP达到9 898元，仅相当于同期广东人均GDP水平（20 876元）的47.41%，

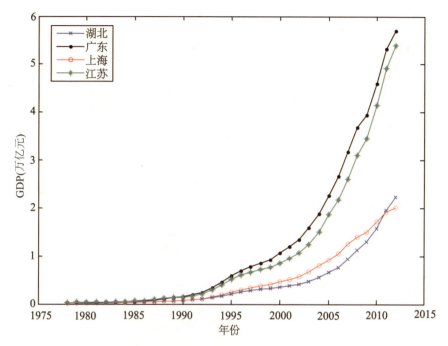

图 10　湖北、广东、上海、江苏 GDP 发展趋势图（1978—2012 年）

江苏水平（20 223 元）的 48.94%，较之于改革开放之初，湖北与发达省份之间的差距已经明显扩大。

但是，我们欣喜地发现，尽管湖北在 GDP、人均 GDP 等许多重要指标上与发达省份依然存在差距，2004—2012 年湖北的经济发展进入了一个平稳较快发展的新阶段，以下的数据将把这个时期记载在湖北经济改革与发展的历史上：

2004—2012 年湖北经济连续 9 年实现双位数增长，并且增速连续超过全国 GDP 增长速度达 3~4 个百分点，是改革开放以来湖北经济增长最为稳健和快速的时期。

2008—2012 年，湖北 GDP 由 1 万亿元跃升到 2 万亿元仅仅用了 4 年时间。

湖北 GDP 占全国 GDP 的比重在 2011 年回升到 4.16%，湖北 GDP 在全国的占比时隔 18 年重新回到 4% 以上。

湖北 GDP 总量在全国的位次由 2007 年的第 12 位提升到 2012 年的第 9 位，5 年时间 GDP 排位提升 3 个位次，时隔 21 年终于回到自改革开放以来湖北 GDP 位次的最好水平。

湖北武汉 2012 年 GDP 超过 8 000 亿元，名列全国城市第 9 位，阔别 22 年武汉

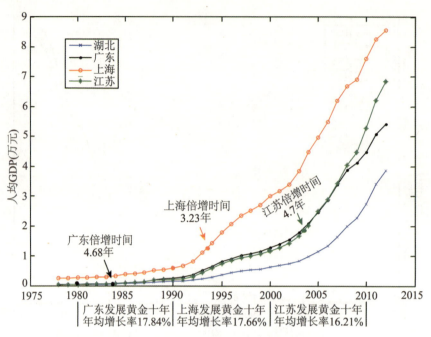

图 11　湖北、广东、上海、江苏人均 GDP 发展趋势图（1978—2012 年）

注：各省市的人均 GDP 年均增长率、人均 GDP 的倍增时间根据统计数据计算得出。

终于重回全国城市经济总量前十的行列。

　　湖北人均 GDP 与全国人均 GDP 水平的差距持续显著缩小。根据国家统计局估算，2012 年全国人均 GDP 大约为 39 947 元，湖北省统计局估算的 2012 年湖北人均 GDP 为 38 572 元，可望达到全国人均 GDP 水平的 96.56%，几乎达到了改革开放以来湖北的历史最好水平，如果湖北继续保持稳健的发展势头，则湖北人均 GDP 近期将有望赶上和超过全国平均水平。

　　同时我们还发现，随着经济总量的增长，我国的经济增长速度预期总体上出现回落，尤其是广东、上海和江苏等发达省份的经济增长速度都处在回落区间。根据国家统计局数据，2012 年我国 GDP 首次突破 50 万亿元，比上年增长 7.8%，这是自 1999 年以来中国经济增速的新低。而湖北的经济增长目前已经连续 9 年实现双位数增长，在 2008—2011 年，更是在国际金融海啸和市场环境波动的不利条件下，创造了持续高于 13% 的年增长率，增长速度持续超过上海、江苏和广东等发达省（市）。湖北 2011 年在全国省域经济综合竞争力排名中位居第十，并且是进入排行榜"上游区"唯一的一个中部省份。可见，湖北有实力、有潜力迎来经济增长的黄金期，未来十年将在中国经济发展中发挥更加重要的作用。

当此之时，我们回顾广东、上海和江苏曾经锻造的经济发展业绩，心中充满的应该不只是羡慕，不只是感慨，更应该是在湖北这片沃土奋发有为、再创辉煌的激情和勇气！

后来居上 VS "中等收入陷阱"

所谓"中等收入陷阱"

2006 年世界银行在其《东亚经济发展报告》中明确提出了"中等收入陷阱"（Middle Income Trap，MIT）的概念。所谓"中等收入陷阱"，是指许多发展中国家突破人均 GDP 大约 1 000 美元的"低收入贫困陷阱"后，经过经济起飞阶段，会出现一段较快增长的时期，但是当人均 GDP 达到和超过 3 000 美元时，快速增长中积聚的许多矛盾就会集中爆发，以致许多国家长期无法超越，进入高收入国家行列。

长期以来，世界银行以人均国民收入为主要划分标准，对世界银行的 187 个成员国以及其他人口超过 30 000 的经济体进行归类划分。通常，将世界各国划分为低收入国家、中等收入国家和高收入国家，其中，中等收入国家集中了世界上大多数国家，该群体又被划分为中等偏低收入国家和中等偏高收入国家。

在计算人均国民收入时，为了减少汇率因素的影响，世界银行采用的是一种特殊的图表集法（"Atlas 转换因子"方法），按照人均 GNI① 水平对世界各国进行划

---

① GNI，即国民总收入（Gross National Income），也称为国民生产总值（Gross National Product，GNP），是指一个国家（或地区）所有常住单位在一定时期内收入初次分配的最终结果。1993 年联合国国民核算体系将 GNP 改称 GNI。具体来说，GNI 指一个国家一年内用于生产的各种生产要素所得到的全部收入，即工资、利润、利息和地租的总和。GNI 与国内生产总值（GDP）的差异是，前者以国民为统计标准，后者以地域为统计标准，GNI 等于 GDP 加上来自国外的净要素收入。GNI 与 GDP 的差异因国家大小、经济结构和开放程度而异，但总体差异不太大。

分，具体划分标准随着世界经济增长水平的变化而不断调整。例如，世界银行2012年发布对各经济体人均 GNI 的划分，组别分为：低收入经济体为 1 025 美元或以下者；中等偏低收入经济体为 1 026 ~ 4 035 美元者；中等偏高收入经济体为 4 036 ~ 12 475 美元者；高收入经济体为 12 476 美元或以上者。

据世界银行的分类和统计，世界上中等收入国家的数目和人口数均呈上升之势。1996 年中等收入国家有 77 个，2006 年增加到 86 个，2011 年更是增加到 104 个，集中了全球 50% 以上的人口。然而，自第二次世界大战结束以来，经过几十年的发展历程，只有少数国家由中等收入国家的群体"毕业"，进入了高收入国家阵营。许多国家，例如南美的巴西、阿根廷、智利，亚洲的马来西亚和菲律宾等，早在 20 世纪五六十年代就已进入中等收入国家行列，但是至今仍处在中等收入发展阶段，就人均 GNI 而言，这些国家与发达国家的差距不仅没有缩小，反而还越来越大了。

图 12 选择了 1930—2010 年间的一些年份，比较自 1930 年代以来世界上几个有代表性国家（阿根廷、南非、俄罗斯（前苏联）、菲律宾和伊朗）人均 GDP 水平的变化趋势。以美国的 GDP 水平为 100，测算和比较各国人均 GDP 水平相对于美国的变化情况。图中的两条水平线大致相当于中等偏高收入水平与高收入水平的划分线。从中可以发现，阿根廷从第二次世界大战之前直到 1950 年代都曾经是高收入国家，但是它的经济发展似乎越来越乏力，1960 年已经跌到高收入水平线以下，此后更是逐步滑坡，目前它的人均 GDP 只相当于美国水平的不到 20%，仍是一个典型的中等收入国家。南非、俄罗斯（前苏联）在我们所考察的 80 年间始终都是中等收入国家，它们与美国在人均 GDP 上的差距并没有缩小的趋势，而且它们 2010 年与美国人均 GDP 的差距比 1930 年时还要大些。至于菲律宾和伊朗，它们曾经是中等偏高收入国家，可是由于经济增长迟滞不前以及战乱等原因，菲律宾自 1950 年后、伊朗自 2000 年后都跌落到中等偏高收入水平线以下。

中等收入发展阶段如此难以超越，以至于"中等收入陷阱"成为对各国经验观察基础上的一个形象总结。尽管面临"中等收入陷阱"的国家并不是同质的，而是在增长模式、历史基础、国家规模等许多方面迥然不同，然而，这些国家通常具有以下共同特征：经济增长速度回落或出现停滞；经济发展的地区不均衡、城乡不均衡等问题突出；收入差距持续扩大；贫困现象依然严重；技术创新出现瓶颈；经济结构转变缓慢；社会发展滞后；社会矛盾冲突加剧；公共治理和社会管理能力薄弱；腐败现象比较严重，等等。如何应对"中等收入陷阱"的挑战，既是广大

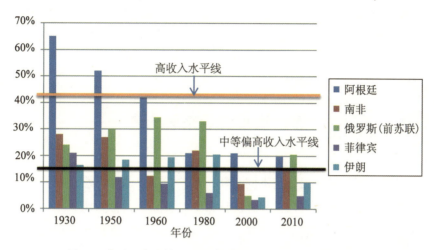

图 12　若干国家人均 GDP（占美国水平的%）的变化趋势

发展中国家面临的重大经济发展战略问题，也是影响未来国际经济发展格局的一个世界性难题。

面对当前国际经济竞争格局的变迁，特别是金融海啸的冲击，许多国家和国际机构纷纷推出了旨在促进中等收入国家经济发展的新型战略。亚洲的马来西亚、菲律宾、越南等国研究制定了应对"中等收入陷阱"的一些具体政策，提出"新增长模式"、"新经济政策"；拉美的智利、哥斯达黎加、多米尼加等国为了逃脱"中等收入陷阱"，提出以提升本国技术水平、扩张生产能力、加强跨国战略合作、完善本国制度体系为核心的战略；非洲开发银行 2010 年首次发布了非洲中等收入国家（包括塞舌尔、博茨瓦纳、加蓬、利比亚、毛里求斯、南非、突尼斯和埃及等）的研究报告，提出了推动这些国家跨越"中等收入陷阱"的国际援助要求和政策主张。

可以预见，中等收入国家竞相推动经济转型，力争"毕业"并跨入高收入国家阵营，将是未来国际经济竞争和经济发展格局中的一个突出现象。

总体上看，改革开放以来，中国人均国民收入与世界平均水平的差距逐渐缩小。中国人均 GNI 水平 1978 年相当于世界平均水平的 10.1%，2008 年相当于32.3%，2012 年上升到 52%。在世界银行 209 个国家和地区的排序中，中国人均GNI 由 1997 年的第 145 位提升到 2008 年的第 130 位，2011 年居第 114 位。2010 年中国人均 GNI 为 4 260 美元，已经是中等偏高收入国家。但是同时也要看到，2011年中国人均 GNI 为 4 940 美元，而世界中等偏高收入国家人均 GNI 的均值为 6 563

美元，中国的人均 GNI 仅相当于该组别世界平均水平的 75.27%，仍然属于该组别中人均 GNI 水平较低的国家。因此，中国要顺利跨越中等收入水平发展阶段，还面临着艰巨的任务和严峻的挑战。

那些耀眼的后来居上者

纵观世界经济千年历史，在不同时期，世界各国推动经济发展和国际竞争的经济战争可谓壮观。一些强国在世界经济舞台上轮番登场，各领风骚数百年，也先后有不同的国家上演了后来居上的好戏，一些曾经的落后国家甚至一举成为主宰世界经济的领导者。

著名世界经济史学家麦迪森（A. Maddison）在他的著作《世界经济千年史》①中，采用 1990 年国际元换算了世界各国的人均 GDP，尽管早期的数据是推断的，但是这份图表仍然揭示了非常重要的各国经济发展的信息。

公元 1000 年时，中国（当时处于北宋初期）是全球经济的领先者；到 1500年，意大利因文艺复兴而兴盛，成为全球经济领先者；1600 年，荷兰建立最早的资产阶级共和国和开展海上贸易，成为全球经济领先者；英国通过倡导工业革命，在 1850 年超过荷兰而成为全球经济的领先者；1929—1933 年的经济大萧条重挫了欧洲经济，而美国通过"罗斯福新政"率先恢复经济，在 1936 年美国成为全球经济的领导者。

第二次世界大战后初期，日本经济一片凋敝，1950 年，日本人均 GDP 仅相当于美国人均 GDP 的 20%。经过战后恢复重建，到 1960 年日本国力已经有很大提升，但是日本 GDP 总量仍仅为 443 万亿美元，而同期美国 GDP 已达到 5 205 万亿美元，美日 GDP 总量之比为 11.7。1960 年日本启动了"国民收入倍增计划"，迅速提高经济增长速度和人均国民收入水平。1968 年，日本已成为仅次于美国的第二大经济强国。1977 年，美国 GDP 首破 2 万亿美元；日本紧随其后，1979 年 GDP首破 1 万亿美元。从那时起，就 GDP 总量而言，美国和日本分列第一和第二、领先全球经济增长的格局一直延续了 40 余年。

以日本的迅速崛起为榜样，1960—1990 年东亚的新加坡、韩国、中国香港、

① 安格斯·麦迪森. 世界经济千年史. 北京：北京大学出版社，2003.

中国台湾推动外向型经济发展，持续保持了高速增长的势头。据亚洲开发银行统计资料，1961—1970年，韩国平均增长8.9%，中国台湾9.3%，中国香港13.7%，新加坡9.4%；1971—1980年，韩国平均增长8.7%，中国台湾9.7%，中国香港9.5%，新加坡9.0%，1981—1990年，韩国平均增长9.9%，中国台湾8.5%，中国香港7.1%，新加坡6.3%。在1961—1985年的25年间，"四小龙"GDP平均增长率高达9%，1981—1990年平均增长率为8.7%。"四小龙"持续长达30年的高速增长被称为"东亚奇迹"。到1991年，人均GDP水平韩国为6 245美元，中国台湾为8 685美元，新加坡为1.36万美元，中国香港已达1.38万美元，依照当时世界经济的发展水平，新加坡和中国香港分别超过了、韩国和中国台湾分别接近了高收入经济体的门槛水平。

进入21世纪之后，东欧、巴尔干半岛和独联体的一些国家表现出快速增长的势头。在2000年，东欧7个国家（阿尔巴尼亚、保加利亚、捷克斯洛伐克、匈牙利、波兰、罗马尼亚、南斯拉夫）的人均GDP平均为5 970美元，属于典型的中等偏高收入国家。这些国家充分利用了欧盟东扩、贸易开放的一系列经济机会，推动经济快速增长，造就了一批从中等收入国家"毕业"的"增长明星"。

根据世界银行的数据，捷克在2006年成为高收入国家，匈牙利和斯洛伐克在2007年成为高收入国家，克罗地亚和波兰在2009年成为高收入国家，并且这些国家此后一直保持旺盛的增长势头，稳固了在高收入国家阵营的位置。据世界银行2012年发布的对全球2011年人均GNI的统计排名，斯洛文尼亚人均GNI达23 910美元，列第47位；斯洛伐克为16 070美元，列第61位；爱沙尼亚为15 200美元，列第62位；克罗地亚为13 850美元，列第65位；匈牙利为12 730美元，列第67位；波兰为12 480美元，列第67位；拉脱维亚为12 350美元，列第71位；立陶宛为12 280美元，列第72位。

这些曾经的落后国家，通过把握国际竞争与合作的重要机遇，推动经济快速增长，成功地追赶和超越了发达国家。尽管这些国家在土地和人口规模、工业基础、贸易条件、历史文化背景等许多方面都有很大差异，但是它们都演绎了后来居上的故事，在世界经济发展的画卷上留下了耀眼的痕迹。那些国家，那些故事，那些经济发展的黄金时代，至今令人津津乐道。

1960年代的东洋神话：日本发展"黄金十年"

日本经济在第二次世界大战后的迅速崛起是一个"神话"。1960 年，日本池田内阁推动实施"国民收入倍增计划"，在这个人口规模达到美国一半的国家发起了一场消费者革命，经济高速增长，收入大幅提升，内需迅速扩大，形成良性循环。1967 年，日本提前完成翻一番的目标，实际国民收入增加了一倍；1968 年，日本成为西方世界仅次于美国的第二大经济强国。

1960 年代成为日本经济的重要转折点，正是由于 1960 年代"黄金十年"的发展，日本经济尽管经历了 1970 年代的石油危机和 1990 年代的经济泡沫破裂、亚洲金融危机，但是至今仍能保持稳定和繁荣。

1960 年日本的 GDP 仅为美国水平的 8.5%，甚至比中国同期的 GDP 还低（相当于中国 1960 年 GDP 的 72%，参见图 13）。1960 年启动的日本"国民收入倍增计划"包括：以"高速增长，提高生活水平，完全就业"为目标，最大限度地实现增长；国民生产总值年平均增长率达到 7.8%；到 1970 年，国民生产总值增加 1 倍以上，最终达到 26 兆日元目标。为此，该计划雄心勃勃地提出了 5 个中心议题：充实社会资本；引导产业结构高级化；促进贸易和国际经济合作；提高人的能力和振兴科学技术；缓和双重结构和确保社会稳定。计划的正文分为四部分：总论、政府公共部门的计划、民间部分的预测与诱导政策、国民生活的将来。

该计划的目标非常明确："国民收入倍增计划的目的必须是，迅速地把国民生产总值增加 1 倍，从而谋求通过增加雇用实现完全雇用，大幅度提高国民的生活水平。在这一过程中，必须致力于纠正农业与非农业之间、大企业与中小企业之间、地区相互之间以及收入阶层之间的生活及收入上的差距，以期国民经济和国民生活得到均衡发展。"

在这一指导思想下，日本政府制定的首要政策，就是采取积极措施，提高工人、农民的购买力。对于工人，日本推行"最低工资制度"，1961—1970 年日本工人的工资指数增长了近 1.7 倍；对于农民，政府制定了远高于国际市场的"生产者米价"，1960—1969 年，农产品价格上涨 95% 左右，而农村购入的工业品价格指数仅上涨 30% 左右，农民收入迅速增加。

随着收入的提高，人们的食品消费比例下降，"恩格尔系数"稳定下降：1955

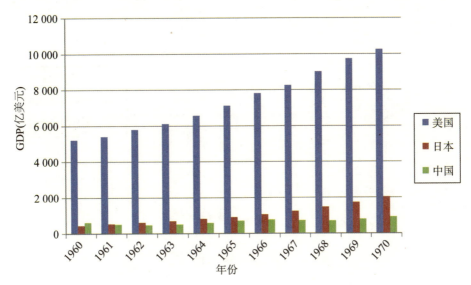

图 13　1960 年代：日本经济发展的"黄金十年"

年 46.9%，1960 年 41.6%，1965 年 38.1%，1970 年 34.1%。一般耐用消费品得以快速普及，为工业品生产创造了广泛的内需。日本在第一次消费革命（1956—1970 年）中，由"生活合理化"向"更加舒适化"、追求"实现物质需求欲望"发展，进而引发了战后日本第二次消费革命（1971—1980 年）和第三次消费革命（1981 年之后），日本进入"大众消费社会"。可以说，得益于"国民收入倍增计划"实施期间创造的"消费时代"，日本形成了扩大本国消费需求的一种长效机制。

　　日本成为亚洲衣食住行水平最高的国家，教育普及率的提高也非常迅速，1960—1975 年，高中升学率从 57.7% 上升为 91.1%，大学升学率也从 10.3% 上升为 34.2%，日本摇身一变成为高学历社会。1964 年 10 月 1 日，日本东京至新大阪间东海道超高速铁路（新干线）通车，日本"子弹头列车"率先开启了高铁时代。1964 年夏季奥运会在日本东京举行，日本成为最早承办此项国际赛事的亚洲国家，并充分利用"奥运经济"助推了经济发展。

　　更重要的是，国民生产总值实际年增长 11.6%（计划目标 7.8%），国民收入年增长率也达到 11.5%（计划目标 7.8%），二者实现了同步增长。到 1970 年，日本 GDP 达到 2 029 亿美元，是 1960 年水平的 4.58 倍。如图 14 所示，美日之间 GDP 的比值急速下降，由 1960 年的 11.7 倍下降到 1970 年 5.05 倍，日本展开了快速的经济发展追赶过程。同样在这一时期，中国与美国在 GDP 总量上的差距并未连续缩小，而且日本远远超过了中国，1970 年，日本 GDP 达到同期中国水平的 2.217 倍。

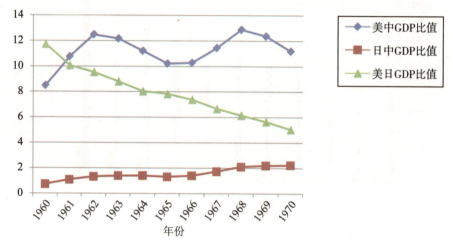

图 14　美国、日本、中国 GDP 比值的变化（1960—1970 年）

　　"国民收入倍增计划"造就了日本经济高速增长的 1960 年代，它堪称日本的"黄金十年"。

1970年代的小城大事：新加坡发展"黄金十年"

　　新加坡是一个"年轻"的城市国家，1965 年才正式从马来西亚联邦独立。当时新加坡人口不足 200 万，没有任何自然资源，甚至没有淡水。许多新加坡人对于国家独立并没有感到欣喜，反倒是感到悲苦。然而，在这个面积 682 平方公里的"小城"，1970 年代却演绎了前所未有的高速增长故事。新加坡建立了公平公正的市场秩序、开放灵活的经济体系、廉洁高效的政府管理系统，人均收入和生活水平迅速提高，国际竞争力迅速上升，新加坡的经济发展成绩令世界刮目相看。

　　1970 年代的 10 年是新加坡经济发展的"黄金十年"。为了充分利用得天独厚的地理位置，新加坡大力推进基础设施建设，机场、港口、道路相继建成或得到改善，贸易和物流业得到迅速发展。为了进一步使以转口贸易为主的经济结构向多元化经济转变，新加坡着力发展制造业，引进电子产品，发展出口导向型工业，10年中使制造业的产值从 4.3 亿新元增加到 35 亿新元，每年递增 26%。

此阶段，新加坡经济大发展，基本实现了全民就业；大力引进技术密集型产业，注重提高劳动生产率，提倡科研与经济相结合，提高生产技术水平；不断提高产品质量，降低生产成本，增强产品的国际竞争力；电脑、电脑配件制造业等成为先导产业；第三产业开始向专业化、系列化、高效化方向发展，为总体上提高商业运营效率和质量提供了保证。

根据新加坡统计局的数据，1970 年代的 10 年间，新加坡以当年美元价格计算的 GDP 年均增长率达 19.76%，其中有 5 个年份的 GDP 增长率在 20% 以上（参见图 15）。依照 IMF 的核算方法，新加坡的人均国民收入（GNI）呈现出极为迅速的增长。1970 年新加坡人均 GNI 仅为 934 美元，大约用 3 年时间就超过了 2 000 美元，从 2 000 美元到 4 000 美元的倍增用了大约 6 年时间。

图 15　新加坡"黄金十年"：人均 GNI 高速增长

通过 1970 年代突飞猛进式的发展，新加坡成为继日本之后经济发展最为迅速的国家之一。新加坡这个在世界地图上只是一个"小点"的国家，创造了许多世界第一。新加坡的国际贸易额是 GDP 的 300%，这一比率居世界各国之首。世界银行 2012 年发布的《加强连接，应对竞争：全球经济中的贸易物流》对 155 个经济体的物流绩效进行了排名，新加坡位居第一。

自 1979 年以来，总部设在瑞士日内瓦的世界经济论坛每年发布一份全球竞争力报告。该报告的竞争力排名以全球竞争力指数为基础，这一指数由制度、基础设施、宏观经济稳定性、商品市场效率等 12 个类别的指标组成。新加坡由最初的默默无闻到排名急速上升，连续蝉联国际竞争力亚洲第一。在 2001—2012 年，排名连续进入世界前十的国家共有 4 个，新加坡名列其中，另外 3 个国家分别是美国、芬兰和瑞典。新加坡 2010 年排名世界第一；2007 年、2008 年、2011 年和 2012 年四次排名世界第二；2006 年和 2009 年两次排名世界第三。

1980年代的汉江奇迹：韩国发展"黄金十年"

韩国经济的发展是又一个后来居上的奇迹。在 1960 年代，韩国曾是世界上最穷的国家之一（1963 年的人均 GDP 仅 100 美元，比当时的中国、朝鲜的水平都低）；到 2010 年，韩国人均 GDP 已经达到 20 756 美元，GDP 总量列于亚洲第 4 位（次于中国、日本和印度），世界第 15 位。

韩国的经济发展最为引人注目的是 1980 年代。尽管 1970—1979 年韩国的人均 GDP 由 288 美元提高到了 1 662 美元，但是韩国依然是一个典型的中等偏低收入国家。1980—1989 年韩国 GDP 年均增长率为 9.2%，其中由于 1988 年汉城奥运会的强力拉动，1986—1988 年的年均增长率更是高达 12.5%。

在 1987 年，韩国人均 GDP 突破了 3 000 美元，进入中等偏高收入国家行列；1997 年，突破 10 000 美元；2007 年，突破 15 000 美元，顺利实现了向高收入国家的升级。

如果与亚洲"四小龙"的其他几个经济体相比，韩国经济的 GDP 总量在 1970 年代发展相对平稳，但是到 1980 年代，其发展速度大大超过其他经济体，10 年间连续突破了 1 500 亿、2 000 亿、2 500 亿美元大关（参见图 16）。

1980 年代韩国的经济发展被誉为"汉江奇迹"。

韩国 1980 年代的高速发展是与其经济结构转变并行的。1960 年代后期，韩国效仿日本推行"贸易立国"的出口导向战略；到 1970 年代，为了强化工业基础，转而实施"重化工业立国"战略；1980 年以后，针对国内外经济技术条件的变化和挑战，制定实施了"科技立国"战略，促进了韩国的产业结构从劳动密集型向资本密集型、技术密集型再向高新技术产业过渡。

韩国 1980 年代发展所面临的国际经济环境比 1960 年代、1970 年代要复杂得多。随着石油危机的冲击，新的科技革命已经在世界兴起，高新技术产业迅速发展，美国、日本、德国等发达国家都呈现出较快的发展势头。而韩国经济在 1970 年代由于过分突出重化工业，导致经济结构失衡，工资不断上升致使韩国出口加工业的竞争力下降。在这种形势下，韩国转向重点发展技术密集型和知识密集型的高

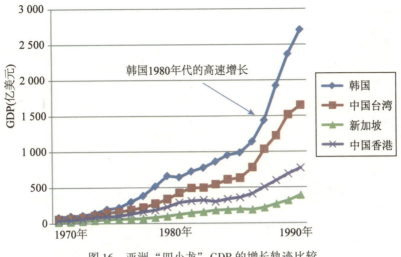

图 16 亚洲 "四小龙" GDP 的增长轨迹比较

新技术产业，开发技术人才以提高生产率，生产附加价值高的高科技产品以增加出口竞争力。

为提高国家的创新能力，韩国政府采取一系列措施促进公共研发机构、企业与大学三者之间的技术合作，充分发挥企业的资金优势、大学的技术优势以及研发机构的技术装备和人才优势。如 1982 年促进企业设立附属研究所，建立企业研发投资支援制度等，并且自 1982 年开始，每年每季度都要召开一次由政府各部负责人、科技界、企业界代表参加的科技振兴扩大会议，检查全国科技发展情况，推行技术引进自由化政策，对大规模的技术引进项目和高科技引进项目进行组织、管理、协调和促进。

"科技立国" 战略促进了韩国由单纯的技术引进和模仿转向技术创造，韩国的发展超越了基于廉价劳动力成本的比较优势，建立了基于技术创新能力的竞争优势。1980 年代的快速发展和战略转型为韩国劳动生产率水平和国际竞争力的持续提高奠定了坚实基础。

日本、新加坡和韩国这三个东亚国家，在 1960 年代、1970 年代、1980 年代先后推动 GDP 和国民收入快速倍增的经济奇迹，不仅为这些国家带来了经济繁荣和人们生活水平的迅速提高，而且大大提高了东亚在全球经济中的地位。图 17 以美国的人均 GDP 为参照，展示了 1960—1990 年，日本、新加坡和韩国经济追赶的历程。

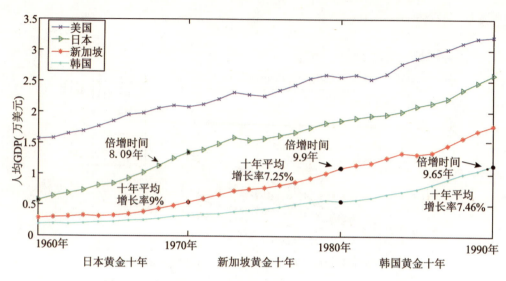

图 17　日本、新加坡、韩国"黄金十年"人均 GDP 增长路径

注：图中所采用的各国人均 GDP 数据是美国劳工部 2009 年公布的、以 2005 年美元计价的 PPP 数据；人均 GDP 倍增时间是基于统计数据计算的。

在 1960 年代，日本人均 GDP 平均增长率为 9%，大约 8.09 年实现人均 GDP 倍增；在 1970 年代，新加坡人均 GDP 平均增长率为 7.25%，大约 9.9 年实现人均 GDP 倍增；在 1980 年代，韩国人均 GDP 平均增长率为 7.46%，大约 9.65 年实现人均 GDP 倍增。

日本、新加坡、韩国这些国家先后把握了"黄金十年"的重要机遇期，实现了人均 GDP 倍增，并且实现了经济结构、技术水平和国际竞争力的关键性突破，推动了它们由中等收入国家顺利晋级到高收入国家。

湖北再起飞，准备好了吗？

湖北目前的发展水平排在全国哪个梯队？

随着 2013 年初各省份 2012 年度经济数据的出台，全国经济版图呈现出更加明晰的梯队结构，在经济总量方面形成 5 万亿元、3 万亿元、2 万亿元和 1 万亿元及 1 万亿元以下五大不同量级的地方经济体集群。

在 5 万亿元量级的省份中，广东居首，江苏紧随其后，山东在 2012 年地区生产总值首次突破 5 万亿元大关。经济总量在 3 万亿元量级的省份有浙江、河南两省，其中河南是在 2012 年首次跨进 3 万亿元的队列。2 万亿元量级的包括河北、辽宁、四川、湖北、湖南和上海六省（市），其中湖北、湖南、上海三省（市）2012 年经济总量首次突破 2 万亿元大关，从而使 2 万亿元量级的省份明显扩容，湖北名列省级经济总量第 9 位，时隔 21 年重返湖北 GDP 在全国的历史最好排名（上次名列全国第 9 位是 1991 年）。2012 年共有 12 个省份经济总量在 1 万亿元量级，吉林、云南是在 2012 年首次跻身这个量级。

就增长速度而言，2012 年多数省份的经济增速都有所下滑，但仍有不少省份的经济增速表现抢眼。其中天津以 13.8% 的 GDP 增速再次领跑全国，过去 5 年，天津保持了年均增长 16.1% 的强劲势头，这已经是天津连续 3 年位居全国经济增速榜首，而此前这个位置曾连续 8 年由内蒙古保持。

2012 年一共有 22 个省份的 GDP 增速保持了两位数增长，经济增速较快的省份主要集中在中西部地区。其中，重庆、贵州、云南的 GDP 增速都保持在 13% 以上的高位。而东部地区只有福建（11.4%）、江苏（10.1%）保持了两位数增长。湖北 2012 年的增速为 11.3%，高于全国平均增速 3.5 个百分点，领先中部地区。

湖北的经济发展处在什么阶段？

如何认识湖北的经济发展目前所处的阶段及其特征？我们的分析立足于两个视角：一个是国际上通行的关于经济发展阶段划分的标准；另一个是湖北在经济发展方面相对于全国其他省市区的位次。

世界各个国家和地区的经济发展都经历着由较低收入向中等收入水平，进而向高收入水平不断提升的过程，在各个不同的发展阶段呈现出不同的特征，面临着不同的发展问题。"人均 GDP 或 GNI 水平"依然是划分各国所处的经济发展阶段最为基础和重要的指标。依照世界银行 2011 年设定的标准，以 2010 年美元计，人均 GNI 低于 1 005 美元的属于低收入国家，介于 1 006 美元与 3 975 美元之间的为"中等偏低收入国家"，介于 3 976 美元与 12 275 美元之间的为"中等偏高收入国家"，高于 12 276 美元的为"高收入国家"。

根据国家统计局核算数据，我国 2011 年人均 GDP 达到 5 450 美元，属于典型的"中等偏高收入国家"。我国各省市区经济增长呈现出整体稳步增长，增长水平"东高西低"、增长速度"西高东低"的态势。全国各省市区依据增长水平可划分为以下四个梯队（参见图 18）。

第一梯队是人均 GDP 已经超过 12 000 美元的 3 个直辖市（天津：13 392 美元；上海：12 784 美元；北京：12 447 美元），从人均 GDP 指标来看，它们已经达到近年刚刚从"中等收入国家"迈入"高收入国家"行列的斯洛伐克、克罗地亚等国家的增长水平。

第二梯队是人均 GDP 高于全国平均水平的 7 个省（区）（江苏、浙江、内蒙古、广东、辽宁、福建、山东），其中 6 个是沿海省份，人均 GDP 最高的为 9 448 美元（江苏），最低的为 7 273 美元（山东），内蒙古（8 773 美元）是这个梯队中唯一的非沿海省份。

第三梯队主要集中在中西部地区，包括多达 17 个省市区（吉林、重庆、**湖北**、河北、陕西、宁夏、黑龙江、山西、新疆、湖南、青海、河南、海南、四川、江西、广西、安徽）。其中只有吉林的人均 GDP（5 863 美元）高于全国平均水平，最低的人均 GDP 为 3 932 美元（安徽）。在第三梯队中，人均 GDP 高于 5 000 美元

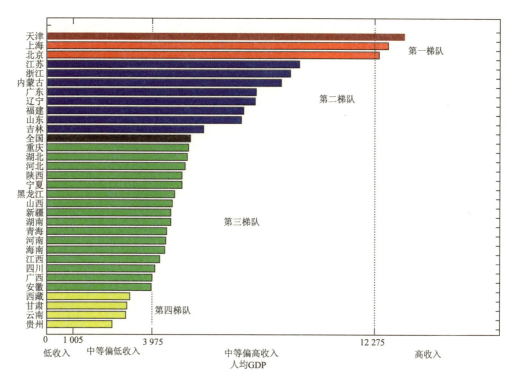

图 18　全国各省 2011 年人均 GDP 排名和分类（以 2010 年美元计）

数据来源：《中国统计年鉴》（2012 年）。

的有 7 个省份，湖北省在第三梯队中位列第三（人均 GDP 为 5 295 美元）。

第四梯队是最为不发达的 4 个省（区）（西藏、甘肃、云南、贵州），其人均 GDP 分别为 3 120 美元、3 009 美元、2 952 美元、2 495 美元，对应于目前世界上中等偏低收入国家的水平。

由以上数据可见，目前全国各省市区人均 GDP 超过全国平均水平的只有 3 个直辖市和 8 个省区；第二梯队和第三梯队的省份多达 24 个，均处于"中等偏高收入水平"发展阶段，这些省份的经济增长状况决定着我国能否跨越以及需要多长时间来跨越"中等收入国家"发展阶段。2011 年湖北省的人均 GDP 处在第三梯队的领先位置，但是依然略低于全国平均水平。因此，湖北现阶段的增长水平与其他省份相比，正处在我国经济发展的"中等偏高水平"。

"中等偏高收入水平"阶段在经济发展中十分关键。原因在于：一是许多国家和地区在进入"中等偏高收入水平"阶段之后，已经积累了相当的物质资本和人力资本，形成了一定的工业基础，通过进一步推进工业化和实施赶超战略，比较快地实现了向"高收入水平"发展阶段的升级；二是依据国际经验，许多国家在实现经济起飞，并且经济发展进入"中等收入水平"特别是"中等偏高收入水平"阶段之后，快速增长中积聚的许多矛盾会集中爆发，以致许多国家长期无法超越，进入"高收入国家"行列，面临所谓"中等收入陷阱"；三是在"中等收入水平"发展阶段，国际国内环境变得更加复杂，经济社会发展矛盾更加突出，因此传统的经济发展结构和战略面临着转型。

令人感到欣喜的是，湖北的经济发展近年来呈现出稳健和较快增长的良好势头，这在中等偏高收入水平的发展阶段显得尤其重要。到目前为止，全国和各省份2012年的经济统计还没有完成最终核算，但是GDP和人均GDP等初步估算指标已经出炉。我们根据全国和各省份"两会"公布的人均GDP估算数据，参照世界银行关于不同收入水平分组的界限，对2012年全国各省市区人均GDP再次进行了梯队划分和排名，见图19。世界银行2012年设定的标准是，以2011年美元计，人均GNI低于1 025美元的属于"低收入国家"，介于1 026~4 035美元的为"中等偏低收入国家"，介于4 036~12 475美元的为"中等偏高收入国家"，高于12 276美元的为"高收入国家"。在这份排名中，湖北以美元计的人均GDP（6 110美元）已经略高于全国平均水平，跻身第二梯队。

从2012年初步估算的人均GDP数据来看，全国各地区的人均GDP均较2011年有明显增长。天津、北京和上海的人均GDP水平继续列在第一梯队，并且稳稳地超过"高收入水平"的界限。值得注意的是，2012年全国各省份在第二梯队的数目比2011年明显"扩容"。第二梯队中的前三名江苏、内蒙古和浙江的人均GDP已经突破1万美元，表明这几个省份进一步逼近"高收入水平"的界限，如果保持现有增长速度，则可望在近期跨越"高收入水平"的临界线。湖北在第二梯队排在靠后的位置，与重庆、陕西就人均GDP而言几乎不相上下，但是与排在第二梯队前列的省份之间依然存在较大差距。未来十年，湖北进一步发展的前景很好，但是也有压力。湖北应通过不懈的经济发展努力，保持第二梯队的位置，并且使第二梯队中的排名不断提升。

因此，基于国际上关于经济发展阶段的划分标准，以及与国内其他省市区发展水平的比较，可以认为，湖北省的经济发展已经进入"中等偏高收入水平"关键阶段。在未来十年间，必须正视经济发展现阶段的特殊性，采取积极有效的措施应对经济社会发展中出现的各种问题，防止经济增长出现大起大落，更要避免经济增长出现滑坡，力求实现稳健、均衡和包容性的发展。

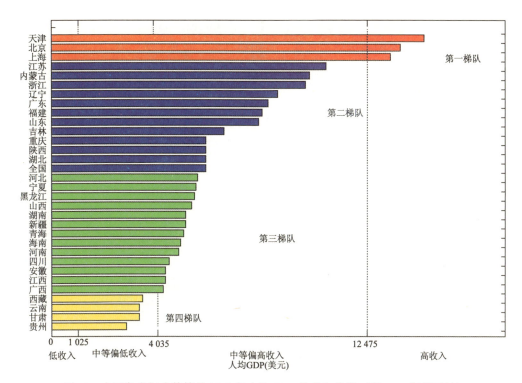

图 19　全国各省初步估算的 2012 年人均 GDP 排名和分类（以 2011 年美元计）
数据来源：2013 年全国各省市区"两会"发布的 GDP 和人均 GDP 初步核算数据。

湖北现阶段经济发展的亮点及不足

目前，湖北经济发展的"高速度"特征比较明显，与其他省份经济发展基本面数据相比较，湖北经济发展有许多亮点或相对优势，同时也面临着若干问题。由于 2012 年各省份的经济数据还有待进一步核算，我们采用 2011 年各省份的经济数据展开研究。

第一，湖北稳定经济增长、加快工业化进程的任务艰巨。

根据国家统计局提供的 2011 年各省份经济数据，湖北省 GDP 总量 2011 年居全国第 10 位；根据最近各省份对 2012 年经济的估算数据，2012 年湖北省 GDP 总量居全国第 9 位，时隔 21 年重返湖北改革开放以后 GDP 在全国的最高排名。2010 年湖北 GDP 总量 15 806.09 亿元，较上年增长 14.8%；2011 年湖北 GDP 总量 19 594.19 亿元，较上年增长 13.8%；2012 年湖北 GDP 总量 22 250.16 亿元，较上年增长 11.3%，自 2004 年以来已经连续 9 年实现双位数的增长。考虑到自全球金融海啸以来，世界各国经济增长减速，我国经济增长速度也在 2011 年、2012 年连续数个季度下降，2012 年增速低于 8% 的情形，湖北省实现连续、较快的经济增长，是非常不易的。

值得注意的是，湖北经济增长中需要防范增长速度波动，尤其是要积极有效地应对目前我国经济增长中的结构升级困境和经济下行压力。

由表 6 可见，就经济总量而言，2011 年湖北经济总量首次超过上海，名列全国第 10 位；但是仍与沿海发达省份（例如广东、江苏、山东和浙江等）差距较大，而且还弱于中部的河南和湖南，甚至弱于西部的四川。可见，湖北进一步提升经济总量还有较大的空间。

表6　　　　　　　　　　**2011 年全国各省（市、区）生产总值概况**

排名	地区	累计值（亿元）	同比增长（%）	排名	地区	累计值（亿元）	同比增长（%）
	全国	**471 564**	**9.2**	16	黑龙江	12 503.8	12.0
1	广东	53 210.28	10.0	17	陕西	12 391.3	13.9
2	江苏	49 110.27	11.0	18	广西	11 714.35	12.3
3	山东	45 429.2	10.9	19	江西	11 593.8	12.5
4	浙江	32 000.1	9.0	20	天津	11 191	16.4
5	河南	27 232	11.7	21	山西	11 100	13.0
6	河北	24 228.2	11.3	22	吉林	10 531	13.7
7	辽宁	22 026	12.0	23	重庆	10 011.13	16.4
8	四川	21 026.7	15.0	24	云南	8 750.95	13.7
9	湖南	19 635.19	12.8	25	新疆	6 474	12.0
10	**湖北**	**19 594.19**	**13.8**	26	贵州	5 701	15.0
11	上海	19 195.69	8.2	27	甘肃	5 000.5	12.5
12	福建	17 510	12.2	28	海南	2 515.29	12.0
13	北京	16 000.4	8.1	29	宁夏	2 060	12.0
14	安徽	15 110.3	13.5	30	青海	1 634.72	13.5
15	内蒙古	14 246.11	14.3	31	西藏	605	12.6

数据来源：《中国统计年鉴》、国家统计局网站、各省（市、区）统计公报。表 7 至表 12 数据来源同此。

注：
- 增长率统计上保留一位小数。
- 各省公布数据保留位数不同，不便贸然修正。
- 全国数据与各省数据之和不尽一致，尚待国家统计局最终核算。

就经济增长速度而言，2011 年湖北的经济增长率尽管比全国经济增长率高 4.6 个百分点，且领先中部地区，但是经济增长慢于东部的天津，也慢于西部的重庆、四川、贵州、内蒙古和陕西。可见，湖北的经济发展容易出现经济总量不如东部地区、经济增速不如西部地区的尴尬局面。为此，湖北要实现经济发展的突破，提高在全国经济中的地位，保持较快、稳健的增长速度。

在各省份的经济增长中，工业的增长起着决定性的作用。表 7 列出的是全国各省（市、区）2011 年度规模以上工业增加值企业的增速对比。由表 7 可见，湖北规模以上工业增加值的累计值与广东、江苏、浙江等均存在较大差距，而且值得注意的是，当年湖北规模以上工业增加值还落后于重庆、四川。从规模以上工业增加值的增速来看，除天津外，东部地区的增速较慢，而中西部呈现出较快的增速，特别是西部的重庆、四川、贵州、广西，中部的安徽均表现出非常快的同比增速。湖北发展正处在工业化的关键阶段，工业的发展对于提高地区经济总值、改善基础设施条件、创造就业机会、提高人民收入水平等都具有十分重要的意义。在未来十年，我们应采取有效措施，实现规模以上工业增加值的持续较快提升。

表 7　　**2011 年全国各省（市、区）规模以上工业增加值及增速概况**

增长速度排名	地区	累计值（亿元）	同比增长（%）	增长速度排名	地区	累计值（亿元）	同比增长（%）
	全国		**13.9**	16	云南	3 205.9	18.0
1	重庆	4 690.5	22.7	17	山西	6 125.4	17.9
2	四川	9 491.0	22.3	18	陕西	5 727.8	17.9
3	天津	5 500.0	21.3	19	福建	7 775.1	17.5
4	安徽	6 979.6	21.1	20	甘肃	1 769.0	16.2
5	贵州	1 969.7	21.0	21	河北	11 741.9	16.1
6	广西	4 914.2	20.8	22	辽宁	10 696.5	14.9
7	**湖北**	**8 565.6**	**20.5**	23	山东	18 171.6	14.0
8	湖南	8 083.2	20.1	24	海南	475.0	14.0
9	西藏	37.0	20.1	25	江苏	25 034.8	13.8
10	河南	14 401.7	19.6	26	黑龙江	5 583.2	13.5
11	江西	5 611.9	19.1	27	广东	24 408.1	12.6
12	内蒙古	7 158.9	19.0	28	新疆	2 764.1	11.4
13	青海	780.7	19.0	29	浙江	14 535.0	10.9
14	吉林	4 907.7	18.8	30	上海	7 230.6	7.4
15	宁夏	836.9	18.1	31	北京	3 039.0	7.3

第二，湖北亟待形成扩大内需的长效机制，亟待提高开放型经济发展水平，要在经济增长进程中推动"三驾马车"的协调发展。

在湖北现阶段的经济增长中，固定资产投资和消费已经成为非常重要的驱动因素，而进出口的表现则不尽如人意，在推动经济增长的"三驾马车"协调发展，尤其是在建立提高居民收入进而提高社会消费需求水平的长效机制方面还要付出巨大努力。

表8比较了2011年全国各省份固定资产投资总量及其增长水平。湖北固定资产投资累计值排名全国第9位，低于发达的广东、江苏、山东、辽宁、浙江等沿海省份，同时也低于中部的河南、西部的四川。湖北固定资产投资的增长速度也排名第9位，慢于许多西部省份，例如贵州、甘肃、青海、新疆、宁夏、重庆等。

随着我国加快经济结构转型，大量沿海的产业会逐渐转移到内陆地区，湖北目前已经形成了较为坚实的固定资产基础，在未来10年间，还要继续保持较快的固定资产投资增速，尽快建立完善和完备基础设施，创造优质的投资环境，有效地吸引和承接东部发达地区的产业转移，尽快形成完善的现代产业体系。

表8　　　　　　　　2011 年全国各省（市、区）固定资产投资概况

排名	地区	累计值（亿元）	同比增长（%）	排名	地区	累计值（亿元）	同比增长（%）
	全国	301 933	23.8	16	广西	7 563.9	28.8
1	江苏	26 299.4	21.5	17	重庆	7 366.1	31.5
2	山东	25 928.4	21.8	18	吉林	7 221.6	30.3
3	辽宁	17 431.5	30.2	19	黑龙江	7 206.3	33.7
4	河南	16 932.15	26.9	20	天津	7 040.5	29.4
5	广东	16 688.4	16.4	21	山西	6 837.4	29.8
6	河北	15 795.2	24.1	22	云南	5 927.0	27.6
7	四川	13 705.3	22.3	23	北京	5 519.9	5.7
8	浙江	13 651.5	19.2	24	上海	4 877.0	0.5
9	湖北	12 223.7	30.6	25	新疆	4 445.0	37.6
10	安徽	11 986.0	27.6	26	甘肃	3 866.0	36.5
11	湖南	11 360.5	27.6	27	贵州	3 734.1	40.0
12	内蒙古	10 787.9	21.5	28	海南	1 611.4	36.2
13	福建	9 692.5	27.8	29	宁夏	1 583.5	32.3
14	陕西	9 123.7	29.1	30	青海	1 366.0	45.0
15	江西	8 756.1	27.7	31	西藏	516.31	18.4

表 9 是 2011 年全国各省（市、区）社会消费品零售总额概况，用以表示各地区的消费支出情况及消费需求水平。

表 9　　　　　**2011 年全国各省（市、区）全社会消费品零售总额概况**

排名	地区	累计值（亿元）	同比增长（％）	排名	地区	累计值（亿元）	同比增长（％）
	全国	181 226	17.1	16	吉林	4 116.12	17.5
1	广东	20 246.72	16.3	17	广西	3 860.73	18.0
2	山东	16 675.9	17.3	18	山西	3 773.6	17.6
3	江苏	15 842.1	17.5	19	陕西	3 733.09	18.6
4	浙江	11 931	17.4	20	江西	3 457.7	17.9
5	河南	9 100	19.1	21	内蒙古	3 439.92	17.9
6	河北	8 020	18.0	22	天津	3 430	18.7
7	辽宁	7 960	17.0	23	重庆	3 415.9	18.7
8	湖北	7 927.8	18.0	24	云南	3 000.14	20.0
9	四川	7 837.4	18.1	25	贵州	1 750	18.0
10	北京	6 900.3	10.8	26	甘肃	1 616	18.0
11	湖南	6 809.03	17.9	27	新疆	1 556	17.5
12	上海	6 777.11	12.3	28	海南	741.13	18.8
13	福建	6 168.77	18.2	29	宁夏	477.6	18.3
14	安徽	4 900.6	18.0	30	青海	405	17.0
15	黑龙江	4 705.1	17.6	31	西藏	218	17.6

湖北 2011 年消费需求总量在全国排名第 8 位，除了落后于发达省份广东、江苏、山东、浙江等之外，还落后于同在中部的河南。就全社会消费品零售总额的增长速度而言，湖北的增速排名并列第 10 位（与河北、安徽、广西、贵州、甘肃并列）。湖北消费需求的增速低于一些东部省市（如福建、天津），也低于中部的河南，还低于一些西部省市（如陕西、重庆、四川等）。

湖北处在"九省通衢"的地理位置，发展商贸零售业务具有得天独厚的优势，理应在持续推动消费需求、扩大商品贸易方面形成优势，然而湖北在全社会消费品零售总额的增速方面没有显现出应有的优势，这一点值得引起注意。

表 10 显示的是 2011 年全国各省（市、区）进出口总额及其增长速度。湖北 2011 年进出口总额在全国排名第 13 位，进出口数额大大落后于广东、江苏等发达省份。2011 年，湖北进出口总额 335.2 亿美元，仅相当于同期广东进出口水平的

3.67%，江苏进出口水平的 6.21%，上海市进出口水平的 7.66%。湖北 2011 年的进出口数额比西部的四川低 142.6 亿美元，比黑龙江低接近 50 亿美元。就 2011 年进出口的增长速度而言，湖北排名第 13 位。相对于湖北进出口 29.1% 的增速，重庆（89.9%）、河南（83.1%）、西藏（62.53%）、贵州（55.2%）、黑龙江（50.9%）等省份的增速显得极为突出。

表 10　　　　　　**2011 年全国各省（市、区）进出口总额概况**

排名	地区	累计值（亿美元）	同比增长（%）	排名	地区	累计值（亿美元）	同比增长（%）
	全国	3 6421	22.5	16	安徽	313.4	29.1
1	广东	9 134.8	16.4	17	重庆	292.18	89.9
2	江苏	5 397.6	15.9	18	广西	233.31	33.7
3	上海	4 374.36	18.6	19	吉林	220.5	37.8
4	北京	3 894.9	29.1	20	新疆	217.0	26.6
5	浙江	3 094.0	22.0	21	湖南	190.0	29.6
6	山东	2 359.9	24.8	22	云南	160.5	19.6
7	福建	1 435.63	32.0	23	山西	147.6	17.4
8	天津	1 032.7	25.8	24	陕西	146.23	20.8
9	辽宁	959.6	18.9	25	海南	130.2	20.4
10	河北	536	27.4	26	内蒙古	108.0	42.7
11	四川	477.8	46.2	27	甘肃	87.6	16.4
12	黑龙江	385.1	50.9	28	贵州	48.84	55.2
13	湖北	335.2	29.1	29	宁夏	22.86	16.6
14	河南	326.4	83.1	30	西藏	13.59	62.53
15	江西	315.56	46.06	31	青海	9.24	17.1

湖北具有非常良好的航空、水运、陆路运输条件，具有比较齐备的工业基础，理应在开拓国际市场、促进对外贸易方面有更大的建树。近几年来，许多中西部省份都在大力推进国际贸易，而湖北近期的发展中进出口贸易却成为一块短板，这种状况不利于湖北形成开放型的经济发展格局，也不利于湖北在未来形成持续增长的机制，更不利于湖北的企业和产业形成国际竞争力。

第三，湖北省居民可支配收入水平和"GDP 含金量"有待提升。

据国家统计局数据，2011 年湖北省城镇居民可支配收入水平为 18 374 元（增速 14.4%），在全国居于第 16 位。由表 11 可见，湖北省目前的城镇居民可支配收入水平不仅大大低于全国平均水平（21 810 元）和全国中位数（19 118 元），而且还低于同样位于中部的湖南（18 844 元）和安徽（18 606 元），甚至低于位于西部的广西（18 855 元）和云南（18 576 元）。

表 11　　　　　　**2011 年各省（市、区）城镇居民可支配收入概况**

排名	省份	人均可支配收入（元）	增速（％）
1	上海	36 230	13.8
2	北京	32 903	13.2
3	浙江	30 971	13.2
4	天津	26 921	10.8
5	广东	26 897	12.6
6	江苏	26 341	14.8
7	福建	24 907	14.4
8	山东	22 792	14.3
全国平均		**21 810**	**14.1**
9	辽宁	20 467	15.6
10	内蒙古	20 408	15.3
11	重庆	20 250	15.5
全国中位数		**19 118**	**13.5**
12	广西	18 855	10.5
13	湖南	18 844	13.8
14	安徽	18 606	17.9
15	云南	18 576	15.6
16	**湖北**	**18 374**	**14.4**
17	海南	18 369	17.9
18	河北	18 292	12.5
19	陕西	18 245	16.3
20	河南	18 195	14.2
21	山西	18 124	15.8
22	四川	17 899	15.8
23	吉林	17 797	15.5
24	宁夏	17 579	14.6
25	江西	17 495	13.0
26	贵州	16 495	16.6

区段	2010 年	2006 年
下游区 （第 21～31 位）	海南、山西、吉林、新疆、广西、宁夏、青海、云南、贵州、甘肃、西藏	陕西、广西、海南、新疆、重庆、宁夏、云南、青海、甘肃、贵州、西藏

然而，与国内先进地区相比，湖北省的自主创新能力还存在许多差距。各国发展的事实表明，自主创新能力的缺乏是许多中等收入国家增长停滞的重要原因。著名的**"玻璃屋顶论"**（glass ceiling）就揭示了这个机制。研究者（Ohno, Kenichi, 2009）从东南亚国家（ASEAN）的经济发展实践出发，把发展中国家的经济发展划分成五个阶段。从"阶段 0"的建立制造业和引入 FDI 到"阶段 1"的要素集聚和生产扩张，再到"阶段 2"的技术吸收，发展中国家可以完成由低收入国家向中等收入国家的转型。但是，如果发展中国家无法建立技术创新能力，就无法进一步向"阶段 3"和"阶段 4"跨越（参见图 20）。形象地说，就像上方存在一个"玻璃屋顶"一样，一些中等收入国家始终无法实现超越并成为高收入国家。湖北的经济发展处在中等偏高收入水平阶段，正处在由技术吸收向技术创造跨越的关键时期。

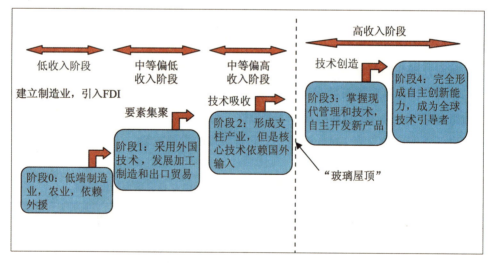

图 20　中等收入国家的技术创新困境："玻璃屋顶论"

根据 2011 年 12 月由中国科技发展战略研究小组发布的《中国区域创新能力报告（2011）》，湖北省的创新能力未进入全国前十（综合排名前十的省（市、区）

依次为江苏、广东、北京、上海、浙江、山东、天津、辽宁、四川及重庆）。

自 2001 年起，中国科技发展战略研究小组每年从知识创造、知识获取、企业创新、创新环境、创新绩效五个方面，对各省（市、区）创新能力予以评价。与此前相比，2011 年区域创新能力建设呈现六大特点：

（1）创新能力领先地区的排名十分稳定，前七位地区的排名连续 3 年没有变化。2001—2011 年，北京、上海、广东、江苏一直位列区域创新能力的前四名。

（2）创新能力领先的地区优势各有侧重，江苏省的企业创新能力和创新环境均排名第一，北京丰富的科技资源使其知识创造能力远远领先于其他地区，上海的知识获取能力排名第一，广东省的创新绩效排名第一。

（3）东北三省创新能力总体呈现回升趋势，辽宁和吉林最为明显，反映出传统老工业基地向创新型省份的可喜转变。

（4）中部地区创新能力总体呈现下降趋势，除江西和陕西排名较 2010 年有所上升外，山西、湖北、安徽、河南的排名都明显下降。

（5）西部部分地区创新能力排名不稳定，贵州、甘肃、新疆等地区上升较快，宁夏和广西等地区则下降较多。

（6）各地区创新的实力、效率和潜力存在较大差异，广东和江苏的创新实力远远领先于其他地区；北京、上海、天津的创新效率远远领先于其他地区；重庆、内蒙古、安徽的创新潜力最大。

这份报告表明，湖北省在知识创造和知识获取方面有一定基础，但是企业创新能力明显不足；自主创新的软环境和硬环境都有待优化；总体创新实力不仅未提升，反而较上年有所下降；湖北省比较优厚的科技资源、人才资源的优势还没有充分发挥出来；人才外流、知识外流、技术外流依然是困扰湖北省创新潜力的因素。我们认为，自主创新能力的开发和积累，直接关系到湖北省中长期经济增长的态势和潜力，应该给予充分重视。

第五，湖北省现阶段的产业结构还存在诸多不尽合理的因素，亟待提升产业结构。

根据《湖北统计年鉴》数据，2009 年全省第一产业完成增加值 2 147 亿元，增长 4.6%；第二产业完成增加值 7 764.65 亿元，增长 21.1%；第三产业完成增加值 5 894.44 亿元，增长 10.1%。三次产业结构 2009 年为 13.8∶46.6∶39.6，然而到 2011 年却为 13.6∶49.1∶37.3，第三产业在 GDP 中的占比继续下降。

在图 21 中，我们就改革开放以来第三产业在 GDP 中的占比情况，对湖北与上海、广东、江苏进行了比较。从中可见，1980 年代，率先推动改革与开放的广东省的第三产业占比最高；1990 年代上海抓住"浦东开发"的契机大力推动现代服务业发展，第三产业占比跃居全国第一，并且此后始终保持领先地位。

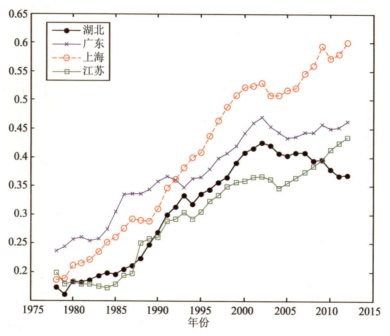

图 21　第三产业占比趋势：湖北与广东、上海、江苏的比较（1978—2012 年）
数据来源：各年《中国统计年鉴》。

目前，上海第三产业的占比已经接近 60%，广东第三产业的占比大约在 46%，上海和广东第三产业的占比一直超过湖北。而江苏的情况则有所不同：1980—1988 年，湖北第三产业的占比曾经高于江苏；1989—1990 年，江苏第三产业的占比短时期超过湖北；1990—2008 年，湖北的第三产业的占比曾经较长时期、较大幅度地超过江苏；然而自 2004 年以来，江苏第三产业的占比连续加速攀升，到 2012 年江苏第三产业的占比已经达到 43.5%，不仅超过湖北的水平大约 4 个百分点，而且与广东省第三产业占比的差距也大为缩小。

与全国平均水平相比，湖北第三产业的发展也存在明显差距。湖北在 1990 年代初期第三产业占比低于全国水平，在 1995—2004 年，湖北第三产业占比略高于全国水平，主要原因是湖北在那个时期经济增速较慢，特别是工业发展不足。2004年以后，湖北经济增长速度连续 9 年达到双位数，工业发展比较迅速，第三产业的占比连续几年在 40% 上下起伏，最近 4 年间第三产业占比甚至出现了明显下降。2010 年，湖北第三产业在 GDP 中的占比（37.3%）不仅比上海（57.3%）、广东

（45.0%）低很多，而且低于全国平均水平（43.1%）。

可见，在经济较快发展的现阶段，湖北的产业结构还存在许多不合理因素，主要表现为：其一，近年来，湖北省第一产业占比的下降速度仍然有限，第二产业占比仍在明显提高，而第三产业的占比反而出现了连续下降；其二，目前湖北省第三产业发展严重滞后，第三产业占比不仅比上海等发达地区低很多，而且比全国平均水平低；其三，就产业结构而论，在 2011 年，湖北第二产业占比（50%）高于全国水平（47%），更高于上海的水平（41%）；第一产业的占比（13%）也高于全国水平（10%），大大高于上海的水平（不到 1%），见图 22。

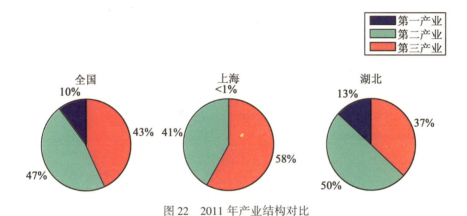

图 22　2011 年产业结构对比

数据来源：根据 2011 年全国、上海市和湖北省统计公报计算绘制。

比照各国经验，第三产业在 GDP 中的比重以较快的速度增加，并逐渐超过 50%，是完成工业化的一个重要标志。我国目前第二产业占 GDP 的比重为 47% 左右，第三产业占 GDP 的比重总体上已开始上升，目前在 43% 左右，但远远低于发达国家，也低于许多发展中国家（如印度已超过 45%）。湖北目前第三产业的占比尚未达到全国平均水平，可见工业化发展总体上还非常不充分。

湖北省具有发展制造业的传统和基础条件，但是就技术水平、生产效率和产业竞争力而言，目前大体处于国内的中等偏上水平。因此，要解决"第二产业不强"、"第三产业不大"的困境，建设具有自主知识产权、具有跨国知名企业、具有国际知名品牌、具有强大技术能力的现代制造业，同时不断促进金融、商贸、物流、信息、文化创意等现代服务业的发展，建设高附加值的现代服务业体系，是湖北省中长期经济发展面临的重要任务。因此，湖北仍需要不断调整经济结构，加快对传统农业的改造，加快现代服务业的发展，在发展现代制造业的过程中带动物流、商贸等各种新型服务业态的发展，全面加快工业化的进程。

第六，湖北各地市州经济发展水平差距较为悬殊。

根据《湖北统计年鉴》和统计公报的数据，我们将 2000 年以来湖北各地市州 GDP 的增长水平进行了综合比较和分析（参见表 14）。从中可见，2000—2012 年，湖北各地市州的经济发展均取得了比较显著的成绩。就 GDP 均值而言，2000 年为 250.9 亿元，到 2012 年增长到 1 351 亿元，是 2000 年的 5.38 倍。

表 14　　　湖北各地市州生产总值、变异系数等（2000—2012 年）

GDP（亿元）	年份												
	2000	2001	2002	2003	2004	2005	2006	2007	2008	2009	2010	2011	2012
全省	3 545	3 880	4 213	4 757	5 633	6 590	7 617	9 333	11 329	12 961	15 806	19 594	22 250
武汉	1 207	1 348	1 493	1 662	1 956	2 238	2 591	3 142	3 960	4 620	5 566	6 756	8 004
黄石	200.7	223	248	274	317	343	401	466.7	556.6	597.8	687	925.9	1041
十堰	178.5	201.7	231.5	242.3	291	306.6	338.1	411.4	487.6	551	736.8	851.3	955.7
宜昌	379.4	410.3	444.1	491.4	588.7	608.1	694.9	820.9	1 026	1 272	1 547	2 141	2 509
襄阳	415.3	450.3	456.6	503.3	557.9	571.5	675.2	785.4	1 002	1 201	1 538	2 132	2 360
鄂州	90.47	101	111.3	125.7	141.9	146.9	168.2	208.7	269.8	323.7	395.3	490.9	560.4
荆门	248.2	271.2	293.5	327.5	379.5	310.3	348.7	420.1	520.4	600.1	730.1	942.6	1 080
孝感	262.5	287.8	314.1	343.3	381.3	359.7	404.1	480.8	593.1	672.9	800.7	958.2	1 105
荆州	301.5	330	359.1	389.9	430.0	393.0	438.1	519.6	624	709.6	837.1	1 043	1 180
黄冈	321	343	362.3	387.2	432.4	348.6	391.2	473.7	600.8	730.2	862.3	1 045	1 193
咸宁	133.1	144.8	156.6	173.7	205	203.8	234.2	286.7	359.2	418.4	520.3	652.1	750
随州	120.1	129.6	143	156.9	189.7	193.1	218.3	257.6	310.2	341.9	401.7	518	580
恩施	121	126.8	130	140.8	164.2	173.5	189.5	210.3	249.2	294.3	351.1	418.2	450.2
仙桃	113.1	101.0	110.1	123.1	138.5	144.1	162.5	190.2	233.5	242.5	291	378.5	430.2
潜江	83.95	79.7	85.44	94.42	106.4	108.8	125.3	156.6	211.8	234.0	290.7	378.2	430.8
天门	87.49	94.2	99.52	112.2	127.4	106.6	122.3	151.5	187.3	186.9	219.5	273	321.2
神农架	2.85	3.15	3.53	3.89	4.55	5.16	6.189	6.96	7.97	10.29	12.3	14.5	16.81
标准差	271.7	304.2	335.6	373.5	439.0	503.8	584.3	707.9	893.6	1049	1266	1 551	1 837
均值	250.9	273.2	296.5	326.6	377.1	385.9	441.7	528.8	658.8	765.1	928.7	1 171	1 351
变异系数	1.083	1.113	1.132	1.144	1.164	1.305	1.323	1.339	1.356	1.371	1.363	1.323	1.359
武汉占比	0.340	0.347	0.354	0.349	0.347	0.337	0.340	0.337	0.349	0.356	0.352	0.345	0.360

数据来源：湖北省各地市州 GDP 数据来自各地市州统计年鉴。湖北省 GDP 数据来自《湖北统计年鉴》，其中 2004 年以前的数据在全国第一次经济普查后作过修订，此后数据取自各年统计年鉴，采取四舍五入精确到整数位。

同时也发现，2000 年以来，各地市州的经济增长参差不齐，GDP 的变异系数出现上升态势，尤其是 2005 年急剧上升到 1.30 以上，此后一直处在较高水平，2009 年变异系数超过 1.37，2010 年也高于 1.36。与此同时，武汉市 GDP 总量在全省 GDP 中的比重过高，2000 年以来持续高于 0.33，2012 年武汉市 GDP 总量在全省 GDP 中的比重高达 36%（参见图 23）。这一方面表明武汉市近年来经济发展取得了突破性进展，另一方面也表明武汉市经济集中度（或者"首位度"）偏高，地市州经济水平仍存在较大差距，武汉市的经济辐射带动作用还没有充分发挥出来。

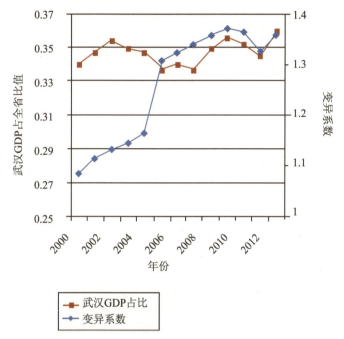

图 23　武汉 GDP 占全省比值与全省地市州 GDP 变异系数
数据来源：湖北省和武汉市各年度统计年鉴。

图 24、图 25 和图 26 分别显示了 2011 年湖北、广东和江苏各主要城市 GDP 在全省的占比分布。

由图 24 可见，在湖北全省 GDP 中，武汉占有 1/3 以上的份额，宜昌和襄阳两个城市加起来占有 1/5 略强的份额，黄冈、荆州、孝感、荆门、黄石、十堰等地市 GDP 的占比均处在 4%～5%，其他小城市的 GDP 在湖北全省的占比更是异常小。

由图 25 可见，在广东全省 GDP 中，特大城市广州和深圳分别占有 22% 和 20% 的份额，广东全省 GDP 的 61% 来自广州、深圳、佛山和东莞 4 个城市，而 GDP 在广东全省的占比处在 2%～5% 的城市还有中山、顺德等 7 个之多。

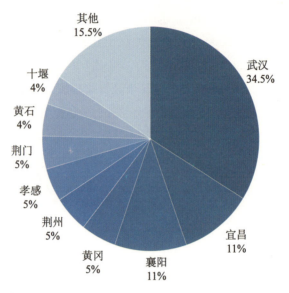

图 24　2011 年湖北各主要城市 GDP 占比分布

数据来源：《湖北统计年鉴》。

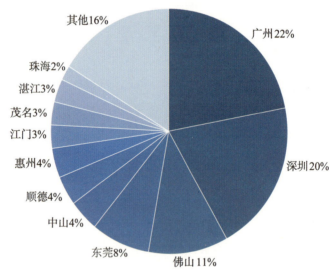

图 25　2011 年广东各主要城市 GDP 占比分布

数据来源：《广东统计年鉴》。

再由图 26 可见，江苏全省 GDP 的分布也形成了"中心—卫星"格局。江苏三大城市苏州、无锡和南京的 GDP 分别占全省 GDP 的 22%、14% 和 12%，这三个城

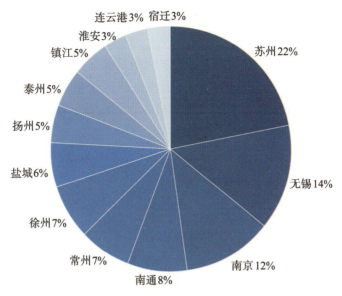

图 26　2011 年江苏各主要城市 GDP 占比分布

数据来源：《江苏统计年鉴》。

市几乎创造了江苏全省 GDP 的一半；在江苏全省 GDP 中占比介于 5%～10% 的有南通、常州、徐州、盐城、扬州、泰州、镇江 7 个城市，它们创造了江苏 43% 的 GDP。不论是在广东，还是在江苏，全省 GDP 都有特大城市作为支柱，但是又不仅仅来自特大城市，而是同时培育了一批大型、中型和小型城市作为"卫星"，全省经济发展呈现多点开花、千帆竞发的格局。

通过比较可见，在湖北的经济发展中，省会武汉市的"首位度"相当高。尽管这说明武汉市的经济发展对于湖北经济发展具有重要贡献和引领性意义，但是，如果湖北其他地市州的发展不充分，就不能推动全省经济取得可持续的发展和更好的经济布局。

在 2012 年出台的全国城市排名（该排名的依据是国家统计核算的 2011 年各城市 GDP）前 100 位中，广东入围 11 个城市，GDP 总值达 47 340 亿元；江苏入围 12 个城市，GDP 总值达 48 008 亿元；湖北仅入围 3 个城市（分别是武汉、宜昌、襄阳），GDP 总值为 10 972.8 亿元。湖北入围全国城市百强的 3 个城市的 GDP 总值仅相当于广东入围城市 GDP 总值的 23.2%，相当于江苏入围城市 GDP 的 22.9%。可见，湖北之所以与广东、江苏在经济发展总量上仍存在较大差距，很关键的一个原因在于湖北各城市发展严重不均衡，湖北进入"全国 GDP 百强市"的城市数目过少，而且湖北排名前三的城市与发达省份的大型城市之间的差距依然较大。

第七，湖北城乡居民收入得到了持续提高，但是城乡间、各地区间居民收入水平差距依然较大。

近年来，湖北省城乡居民收入差距有扩大的趋势。我们计算了1980年以来湖北城镇居民人均可支配收入与农村居民人均纯收入水平的差距，结果发现，在1980—1990年，湖北省城乡居民收入差距较小，此后则出现迅速扩大趋势（参见图27）。

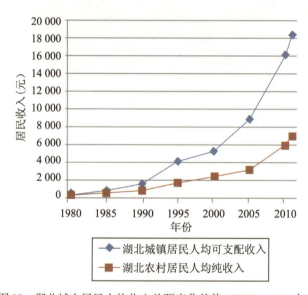

图27　湖北城乡居民人均收入差距变化趋势（1980—2011年）

总体而言，湖北城乡居民收入差距低于全国平均城乡人均收入差距（参见图28）。例如，2005年以后，全国平均的城乡人均收入之比持续高于3.22∶1，湖北的比值最高是2.83∶1（2005年），此后逐渐缩小差距，2009年比值为2.75∶1，2010年为2.66∶1。与中部省份相比，湖北省的城乡收入差距还是相对较小的。尽管如此，我们认为，未来5～10年是湖北省城市化、工业化进程加快发展的时期，也是推动城乡一体化的经济社会发展规划的关键时期，因此，加快对传统农业的改造，缩小城乡收入差距，对于湖北中长期的经济发展战略具有重要意义。

湖北省各地市州城镇居民的收入差距也出现了扩大趋势。由表15的数据分析可见，在湖北省连续实现双位数经济增长率的近几年间，各地市州城镇居民人均可支配收入取得了较快的提高，2010年全省城镇居民人均可支配收入的均值达到14 159.28元，是2004年（7 222.741元）的1.96倍。

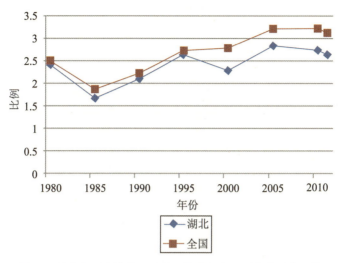

图 28　城乡居民人均收入差距：湖北与全国平均水平的比较

　　但是我们也发现，全省城镇居民人均可支配收入的标准差和变异系数在迅速扩大。2008 年以来，全省城镇居民人均可支配收入的变异系数一直高于 0.15。这表明，在未来 5～10 年，推进全省各城镇的均衡发展任务艰巨。

表 15　　　　　　　　湖北省地市州城镇居民人均可支配收入变化趋势　　　金额单位：元

年份	2004	2005	2006	2007	2008	2009	2010
武汉	9 564	10 850	12 360	14 357	16 712	18 385	20 806
黄石	7 865	8 503	9 472	11 151	12 734	13 897	15 460
十堰	6 680	7 200	7 718	8 647	10 535	11 376	12 652
宜昌	7 592	8 156	8 926	10 241	12 839	12 843	14 282
襄阳	7 552	8 145	9 117	10 912.18	12 292	13 409	14 756
鄂州	7 490	8 187	9 013	10 827	12 244	13 408	14 788
荆门	7 749	8 585	9 392	11 075	12 690	13 857	15 272
孝感	7 248	7 839	8 635	10 867	12 419	13 562	14 878
荆州	7 600	8 094	8 718	10 840	12 195	13 304	14 708
黄冈	5 864	6 358	6 981	8 314	9 952	9 952	12 832
咸宁	7 313	8 004	8 807	9 991	10 597	11 627	12 968
随州	6 706	7 332	8 155	10 025	11 592	13 461	15 280

年份	2004	2005	2006	2007	2008	2009	2010
恩施州	6 600	7 063	7 592	8 274	9 446	10 307	11 406
仙桃	6 892	7 547	8 266	9 663	10 761	11 783	13 021
潜江	7 383	8 028	8 735	10 185	11 426	12 613	14 040
天门	6 628	7 188	7 914	9 325	10 488	11 243	12 412
神农架	6 059	6 426	6 787	8 011	9 164	10 116	11 146
标准差	839.543 9	1 014.529	1 240.44	1 505.878	1 757.465	1 993.728	21 85.574
均值	7 222.741	7 853.248	8 622.824	10 159.17	11 652.17	12 655.47	14 159.28
变异系数	0.116 236	0.129 186	0.143 855	0.148 228	0.150 827	0.157 539	0.154 356

　　我们还发现，自2000年以来，全省农村居民人均纯收入在呈现不断上升的良好势头的同时，也存在各地区间差距扩大的问题。与全省城市间差距不同的是，全省各地市州农村居民人均纯收入的变异系数更大，在2000—2010年几乎始终处在0.20～0.23的高位段（参见表16）。近几年来，全省各地市州农村居民人均纯收入的变异系数不仅没有缩小，反而出现了反弹，例如2007年变异系数为0.209 791，此后逐年上升，到2010年已高达0.223 557，甚至比10年前（2001年）的变异系数（0.222 598）还高。这表明，湖北作为我国的农业大省，需要采取有针对性的措施，推进各地农村的均衡协调发展。

表16　　湖北省各地市州农村居民人均纯收入的均值、标准差和变异系数

年份	均值（元）	标准差	变异系数
2000	2 290.176	525.679 826	0.229 537
2001	2 328.588	518.339 2	0.222 598
2002	2 415.059	523.171 2	0.216 629
2003	2 534.647	549.890 9	0.216 95
2004	2 871.471	631.032 8	0.219 759
2005	3 051.941	674.799 4	0.221 105
2006	3 372.176	732.146	0.217 114
2007	3 901.235	818.442 4	0.209 791

续表

年份	均值（元）	标准差	变异系数
2008	4 528.941	951.033 8	0.209 99
2009	5 039.235	1 081.448	0.214 606
2010	5 824.235	1 302.046	0.223 557

第八，湖北经济发展现阶段面临着环境压力加重的挑战，必须协调增长速度与增长质量之间的矛盾。

在我国的经济发展中，中西部地区承接了东部转移的许多高耗能高污染产业，因此，既要满足持续较高增长的需要，又要解决好环境保护、资源节约问题，是湖北省现阶段经济发展的又一个特征。

湖北省地处中部，在现阶段发展高耗能的重工业有一定的必然性：一方面，湖北有很好的能源资源，同时劳动力的价格也相对较低；另一方面，东部地区的环境保护压力更迫切，而中西部地区经济增长的愿望更加迫切，希望引进一些投资大、见效快的行业，这样此消彼长，就导致了中西部地区"两高"（高耗能高污染）行业的发展比较快。

2011年中国工业节能协会构建了一个由效果指数、努力水平指数和潜力实现指数构成的"节能减排综合评价指数"，据此对31个省（市、区）进行划分。第一类地区的节能减排效果最好，其节能减排综合评价指数值在2～3，分布在东部地区，包括的省（市、区）有北京、上海、江苏、广东、浙江。第二类地区的节能减排效果次之，其节能减排综合评价指数值在1.5～2，其中包括东部的天津、河北、福建、山东和海南，中部的安徽、江西、河南、湖北、湖南，西部的重庆、四川、陕西和云南，东北三省。第三类地区的节能减排综合评价指数值在1～1.5，包括中部的山西、西部的广西、甘肃和内蒙古。第四类地区包括贵州、青海和宁夏，其节能减排总体效果最差，节能减排综合评价指数值在1以下。湖北省节能减排效果位列全国各省份"中偏后"位置，湖北要协调增长速度与增长质量的关系，推进"绿色GDP"和可持续发展，仍存在较大压力。

湖北未来"黄金十年"的发展路径

为什么是湖北：湖北发展再起飞之"势"

对于未来十年是湖北发展"黄金十年"的判断，是基于现阶段国际国内重要发展形势、基于湖北业已形成的发展基础、基于湖北在我国经济发展中的战略地位而做出的重大判断。湖北发展进入了关键阶段，应该遵循经济发展规律，勇于"乘势而上"。

这个"势"首先是"趋势"。目前，中国经济增长面临经济转型，经济增长速度回落。2012 年全国经济增长率为 7.8%，虽然实现了 7.5% 的增长目标，但是，中国经济增长的速度自 2010 年末以来出现连续 10 个季度的下滑。就年度增长率而言，2012 年的增长率是最近 10 年以来最低的。2012 年上海、广东、北京的经济增长率均低于 8%，江苏和浙江等发达省份的经济增长速度也较以前明显下降，这不仅拖累了全国的经济增长速度，而且表明这些经济相对比较发达的省份正在逐步转向"中速"增长阶段，这也是经济发展的必然规律。

然而，湖北的经济增长却呈现出前所未有的大好局面。湖北经济增长速度连续 9 年高于全国水平，在中部位居前列，2008 年首次进入 GDP "万亿俱乐部"，2011 年 GDP 总量首次超过上海，2012 年迈入"2 万亿俱乐部"。湖北由 1 万亿元 GDP 增长到 2 万亿元 GDP 只用了 4 年时间，并且湖北 GDP 在全国的排名由2007 年的第 12 位上升到 2012 年的第 9 位，5 年内 GDP 排名上升达 4 个位次，时隔 21 载重返改革开放以来湖北在全国 GDP 排名的最好名次。自改革开放以来，这样的增长速度和发展局面在湖北是前所未有的，在我国中部各省份中也是前所未有的。所以，湖北未来十年的发展已经占据了非常好的先机，具有很好的"上行趋势"。

其次，"势"是指"势头"。湖北具备发展先进制造业、现代服务业和现代农业的优良条件，具备得天独厚的交通枢纽、物流枢纽、航运枢纽地位。湖北具有承东启西、迎南接北的产业转承优势，在生产要素、市场潜力和经济结构等方面均已具有推动未来十年经济快速增长的实力和能力。同时，湖北具有东湖国家自主创新示范区、武汉城市圈两型社会综合改革试验区的先行先试政策优势。目前，湖北面临着多重改革和发展的政策叠加、机遇叠加，出现了稳健发展、加快转变经济发展方式和加快追赶发达地区的大好势头。

最后，"势"是指"形势"和"局势"，我们的分析表明，我国正处在经济发展的重要战略机遇期，湖北应该清醒地认识到，此阶段的战略发展机遇是难能可贵和稍纵即逝的，必须审时度势，把握机遇。

第一，当前国际经济发展仍然存在着诸多不确定性和风险性。

目前，世界银行和国际货币基金组织对于国际经济发展格局的预测依然不乐观，在近期推出的多份全球发展报告中，依然充满了"风险"、"脆弱性"、"疲软"、"不确定性"等字眼。发达国家经济复苏动力不足，复苏的步伐趋于滞缓。欧债危机的负面影响仍然在扩散，不仅给欧洲经济的未来增长投下阴影，而且给世界经济贸易格局、国际分工格局、国际资本流动和汇率波动等均带来了很大的不确定性。美国经济尽管走出了金融海啸的低谷，但是实体经济复苏的力度远逊于预期；而且"财政悬崖"危机虽已度过，但仍给刚刚连任的奥巴马政府的经济政策带来了更多的不明朗因素。日本经济持续低迷，震后恢复性建设尽管带来了一定内需，但并不足以使日本经济摆脱长期以来增长引擎疲弱的状况。

发达国家经济的疲软也影响了发展中国家和新兴经济体的出口，从而致使曾经呈上升状态的三大新兴经济体（中国、印度、巴西）的经济增长均一度减速，"金砖国家"经济增长表现已由10年前的快速态势转为现期的中速增长。绝大多数低收入国家的经济增长乏力，贫困发生率依然非常高。在许多中等收入国家，不仅增长乏力，而且收入差距悬殊、社会矛盾集聚爆发、地区发展不均衡加剧、法律实施不力、政局动荡等问题更加突出，给未来的经济增长带来了更大的困难。

由此可以认为，中国目前和未来几年经济发展的外部环境已经发生很大改变，具体体现为以下方面：

其一，目前和未来一个时期，世界经济将处于缓慢复苏和"弱增长"的格局。

国际货币基金组织在 2014 年 1 月发布的《世界经济展望》报告中，将 2014 年、2015 年全球经济增长率分别上调为 3.7% 和 3.9%，报告指出，全球经济正在持续复苏，但增长已进入"低速档位"且仍存在下行风险。

其二，与世界经济不景气紧密联系的是，我国在推进开放型经济发展的过程中将更多地受到贸易保护主义的干扰。一些贸易伙伴滥用贸易救济措施，对我国出口产品不断发起反倾销、反补贴调查，甚至一些发展中国家也对我国采取贸易壁垒措施。自 2009 年开始，我国出口贸易结束了高速增长态势，贸易顺差明显减少；2012 年，我国出口在第一季度出现前所未有的较大幅度下降，许多省（市、区）的出口甚至出现负增长，尽管第二季度出口局势有所缓解，但是从总体上看，我国出口的增长已经由 2009 年以前高达 30% 下降到目前的 5% 左右，出口对于我国经济增长的贡献度明显下降。

其三，与 10 年前相比，我国参与经济全球化、承接国际产业转移的某些有利条件，特别是劳动力成本低廉的优势已经明显弱化，劳动力无限供给的"人口红利"在东部沿海发达地区正在发生趋势性转变。一些战略性资源性产品的国际价格明显升高，我国一些重要产业的发展成本明显上升，这使得经济增长态势面临结构性减速的新挑战。

第二，目前我国的经济发展的外部环境也蕴含着新的机遇。

其一，尽管世界经济增长可能在较长时间内处于相对低迷的状态，市场扩张速度明显放慢，但是，随着全球经济触底回暖，2013 年欧美发达经济体、新兴经济体和多数发展中国家都呈现出比 2012 年明显好转的增长速度。2014 年 1 月国际货币基金组织最新报告预测 2014 年、2015 年美国经济分别增长 2.8% 和 3%。欧元区经济止跌回升，从 2013 年的负增长转变为在 2014 年增长 1%，2015 年增长 1.4%。该报告还指出，"金砖四国"将由高速增长回到中速稳健增长区间。

其二，当今世界正掀起结构调整、技术创新的热潮，这是争夺未来发展制高点的新一轮竞赛，将在很大程度上影响国家力量对比。出口环境变得更为复杂，这对于我国调整产业结构，大力推进自主创新，提升产业整体素质，产生了较为突出的"倒逼"作用。而从长远来看，我国企业、产业以至整个经济由传统的高投入、高消耗、低技术创新、低附加价值的发展方式转变为高产出、高效率、高技术含量的新型发展方式，对于我国实现可持续增长十分重要。

其三，从资源、环境层面看，如今资源、能源、气候等全球性问题突出，靠大量消耗资源能源、污染环境的"暴饮暴食"型发展方式将难以为继。我国迫切需要把重增长、轻环境的传统发展方式转变为"环境友好型"、"资源节约型"

发展方式，我国未来的经济发展不仅要创造出"富强中国"，而且要创造出"美丽中国"。

其四，当前国际政治经济格局已经发生显著变化。广大新兴国家和发展中国家在新格局中的定位还在形成之中，尤其是美国调整全球战略，重返亚太，这些都使我国和平发展的外部环境更趋复杂。但是，和平与发展已经是当今世界政治经济舞台的大趋势、大主题。我国未来经济发展的国际环境总体上向更加稳定的方向发展。

因此，我国发展仍处于可以大有作为的重要战略机遇期，但是需要明确的是，这一重要战略机遇期已经不同于过去30年的高速发展期。我国经济发展在国际、国内环境方面的内涵和条件均发生了很大变化，我国经济改革与发展的重心将逐步由沿海向内陆地区转移。

湖北地处我国中部，受国际经济动荡的不利影响相对较少，自2004年以来湖北稳健快速的经济增长已经大大提升了湖北在全国经济中的贡献度，建立了在中部地区经济发展中领先、领衔的地位，为进一步的跨越发展打下了相当坚实的基础。湖北在推进内需性、内源型的经济发展方面具有地域、人口、产业基础、市场潜力、辐射范围等众多有利条件，湖北具有非常丰厚的人力资源、智力资源和技术资源，不仅在承接沿海产业战略转移方面具备得天独厚的条件，而且在开发新产品、引进和创造新技术、开拓新市场等众多领域都大有可为。

湖北的"黄金十年"是"大势所趋"，而现在就是我们"因势而动"、"乘势而上"的大好时机。

为什么是现在：湖北正站在"黄金十年"的重要起点上

当前，湖北省的经济发展已经进入中等偏高收入水平的关键阶段，经济运行中的许多特征不仅具有国际上中等偏高收入国家共性的一些因素，也具有基于自然条件、地域位置、物质基础设施与社会基础设施、国家政策等导致的特殊因素。我们认为，湖北正站在"黄金十年"的重要起点上，应该努力把握机遇，应对挑战，推出湖北省"国民收入倍增计划"，努力创造湖北经济发展的"黄金十年"。

经过比较研究，我们发现，一些国家在中等收入水平发展阶段，通过10年左右时间实施非常有效的经济政策，不仅实现了国民收入倍增，而且实现了由中等收入国家向高收入国家的跨越。例如日本在 1960 年代、新加坡在 1970 年代、韩国在 1980 年代分别创造了经济发展的"黄金十年",实现了实际人均 GDP 的倍增,并且跻身高收入国家行列。

表 17 对日本、新加坡和韩国经济发展的"黄金十年"进行了比较。

表 17　　　　日本、新加坡、韩国经济发展"黄金十年"比较

	时间	启动"黄金十年"时的实际人均 GDP 水平	"黄金十年"实际人均 GDP 的年均增长率	实际人均 GDP 倍增所用时间	备注
日本经济发展"黄金十年"	1960—1970 年	1960 年为 5 698 美元,占同年美国的实际人均 GDP(15 644 美元)的 36.4%	9%	大约 8.09 年	日本东京承办 1964 年夏季奥运会
新加坡经济发展"黄金十年"	1970—1980 年	1970 年为 5 450 美元,占同年美国的实际人均 GDP(20 789 美元)的 26.2%	7.25%	大约 9.9 年	
韩国经济发展"黄金十年"	1980—1990 年	1980 年为 5 551 美元,占同年美国实际人均 GDP(25 621 美元)的 21.7%	7.45%	大约 9.65 年	韩国汉城承办 1988 年夏季奥运会

数据来源:为了与目前的经济数据具有可比性,此表所采用的各国人均 GDP 数据是美国劳工部 2009 年公布的、以 2005 年美元计价的 PPP 数据。

我们发现,日本在 1960—1970 年,实际人均 GDP 的年均增长率为 9%,用大约 8.09 年实现倍增;新加坡在 1970—1980 年,实际人均 GDP 的年均增长率为 7.25%,用大约 9.9 年时间实现倍增;韩国在 1980—1990 年,实际人均 GDP 的年均增长率为 7.45%,用大约 9.65 年时间实现了倍增。同时这些国家在经济快速增长期都通过一些重要的国际活动来拉动需求、扩大出口,提高国际知名度和国际竞争力,例如日本东京承办 1964 年夏季奥运会、韩国汉城承办 1988 年夏季奥运会,都成为推动"黄金十年"经济发展的重要助力。

湖北省目前的发展水平非常类似于日本 1960 年、新加坡 1970 年、韩国 1980 年准备启动"黄金十年"经济增长时的水平。根据最近美国劳工部依照 2005 年美元和购买力平价计算的国际可比数据，日本 1960 年实际人均 GDP 为 5 698 美元，占同年美国实际人均 GDP（15 644 美元）的 36.4%；新加坡 1970 年实际人均 GDP 为 5 450 美元，占同年美国实际人均 GDP（20 789 美元）的 26.2%，占同年日本实际人均 GDP（13 488 美元）的 40.4%；韩国 1980 年实际人均 GDP 为 5 551 美元，占同年美国实际人均 GDP（25 621 美元）的 21.7%，占同年日本实际人均 GDP（18 606 美元）的 29.8%。可见，实际人均 GDP 达到 5 300～5 500 美元是非常关键的阶段，日本、新加坡和韩国就分别在 1960 年代、1970 年代和 1980 年代期间，通过大约 10 年时间实现了人均实际 GDP 和人均实际国民收入的翻番。

我们的研究表明，湖北在未来十年把握难得的机遇，保持又好又快的经济增长，推出"国民收入倍增计划"，努力创造湖北经济发展的"黄金十年"已经具备充分的条件和可行性。

其一，湖北已经具有非常坚实的推动国民收入倍增的基础。湖北 2011 年人均 GDP 为 5 295 美元，占同年上海人均 GDP（12 784 美元）的 41.42%，占同年江苏人均 GDP（9 713 美元）的 54.51%，占同年广东人均 GDP（7 922 美元）的 66.84%。可见，湖北与国内发达省份之间的差距远比日本 1960 年、新加坡 1970 年和韩国 1980 年与同期发达国家的差距更小，完全有条件以现在为起点，实施有效的国民收入倍增计划和经济发展政策，推动"黄金十年"的经济发展。

其二，湖北已经形成持续较快经济增长的势头，有能力缩小与发达省份的差距并实现赶超。2011 年湖北的 GDP 增长速度达 13.8%，超过同年度上海、江苏和广东的 GDP 增长速度（分别为 8%、11% 和 10%）。在 2012 年湖北的 GDP 增长速度仍达到 11.3%，而上海和广东的 GDP 增长速度都低于 8%，江苏的 GDP 增速也下降到 10% 左右。可见，湖北通过推动更好更快的经济增长，打造经济发展"黄金十年"，赶超我国经济发达地区是可行的。

其三，湖北具备发展先进制造业、现代服务业和现代农业的优良条件，在生产要素、市场潜力和经济结构等方面均已奠定坚实的基础。随着我国形成以武汉为中心的高铁网络布局，湖北形成纵横交错的公路、铁路、水路交通网络，由武汉出发的"1 小时高速公路圈"、"3 小时高速公路圈"已经对全省和中部地区主要城市形成全覆盖，由武汉出发的"5 小时高铁交通圈"几乎可以覆盖全国东西南北各个方向的主要大城市。

其四，湖北具有东湖国家自主创新示范区、武汉城市圈两型社会综合改革试验区的先行先试政策优势，而我国在未来十年经济发展的重要战略工作就是大力推进国家自主创新体系的建立，以及大力推进"环境友好型"、"资源节约型"经济发展体系的建立。因此，湖北目前经济发展的主要推动力与全国经济发展的战略要求是完全一致的，或者说，湖北的经济发展已经成为我国未来经济发展的国家战略的重要组成部分。湖北正迎来全面推进经济发展的一次千载难逢的战略机遇。

湖北未来"黄金十年"的经济发展路径

湖北已经连续9年实现双位数经济增长，未来十年的经济发展对于湖北具有至关重要的意义，湖北应该选择怎样的经济增长路径？基于湖北目前经济发展的势头和在全国的地位，我们对未来"黄金十年"的发展前景进行了测算。

湖北在过去5年GDP年均增长速度，最高为14.8%（2010年），最低为11.3%（2012年），5年平均增长速度约为13.4%。我们把上海、广东和江苏这些发达省份作为湖北在未来经济发展中要着力学习和追赶的目标。依据目前的增长基础和未来增长趋势，上海、广东和江苏在未来的经济增长速度会维持在中速区间。2012年，上海和广东的GDP增速已经下降到8%以内，江苏的增速也下调到略高于10%的水平。我们将未来十年上海、江苏和广东的增长率分别设定为8%、10.5%和8%，据此估算它们未来十年GDP的增长进程。

湖北未来十年的经济发展采取怎样的路径才能赶超发达省份？

2012年，湖北GDP相当于江苏GDP的41.16%，广东GDP的38.99%。我们对湖北未来十年的增长率分别按照11%～13.5%的5种不同增长路径进行了测算，各种增长路径的具体增长速度参见表18。

其中，如果未来十年湖北经济增速达到13.5%，则大约需要5.458年就可实现GDP翻番，在2017年跨进"4万亿GDP"俱乐部，到2022年，湖北的GDP将达到同期广东GDP的64.07%，江苏GDP的53.8%。如果为了避免经济过热，将GDP年均增长速度控制在11%左右，则大约需要6.63年时间实现GDP翻番，在2018年跨进"4万亿GDP"俱乐部，到2022年，湖北GDP将达到同期广东GDP的51.28%，江苏GDP的43.06%。

表 18　　　　未来十年 **GDP** 总量增长预测：湖北与上海、江苏、广东比较

金额单位：亿元

年份	上海 （8%）	江苏 （10.5%）	广东 （8%）	5 种不同增长路径预测				
				湖北 （13.5%）	湖北 （12% ~ 13%）	湖北 （11% ~ 13%）	湖北 （12%）	湖北 （11%）
2012	20 101.33	54 058.20	57 067.92	22 250.16	22 250.16	22 250.16	22 250.16	22 250.16
2013	21 709.44	59 734.311	61 633.35	25 253.93	25 142.68	25 142.68	24 920.18	24 697.68
2014	23 446.19	66 006.413	66 564.02	28 663.21	28 411.23	28 411.23	27 910.60	27 414.42
2015	25 321.89	72 937.087	71 889.14	32 532.74	32 104.69	32 104.69	31 259.87	30 430.01
2016	27 347.64	80 595.481	77 640.27	36 924.66	36 278.29	36 278.29	35 011.06	33 777.31
2017	29 535.45	89 058.007	83 851.49	41 909.49	40 994.48	40 631.69	39 212.38	37 492.81
2018	31 898.28	98 409.097	90 559.62	47 567.28	45 913.81	45 507.49	43 917.87	41 617.02
2019	34 450.15	108 742.05	97 804.39	53 988.86	51 423.47	50 968.39	49 188.01	46 194.90
2020	37 206.16	120 159.97	105 628.7	61 277.35	57 594.27	56 574.92	55 090.57	51 276.33
2021	40 182.65	132 776.76	114 079.0	69 549.80	64 505.60	62 798.16	61 701.47	56 916.73
2022	43 397.26	146 718.32	123 205.3	78 939.0	72 246.27	69 705.96	69 105.62	63 177.57
湖北 GDP 倍增时间（年）				5.458	5.713	5.793	6.110	6.630

注：

- 2012 年的各省市 GDP 数据来自各省市统计公报初步估算的数据。

- 将未来十年上海的增长率设定为 8%，江苏的增长率设定为 10.5%，广东的增长率设定为 8%。

- 湖北省的增长预测选取了不同增长率进行测算，其中，第 4 栏的年均增长率为 13%；第 5 栏的增长率为 2012—2017 年均 13%，2018—2022 年均 12%；第 6 栏的增长率为 2012—2015 年均 13%，2016—2018 年均 12%，2019—2022 年均 11%；第 7 栏的年均增长率为 12%；第 8 栏的年均增长率为 11%。

- 湖北 GDP 倍增所需的时间通过相关数据计算得出。

　　图 29 进一步刻画了湖北未来十年依照不同的 GDP 增长速度将会形成的 GDP 增长路径。根据湖北省目前的经济基础和经济增长趋势，我们所设定的经济增长速度都处在可行区域内。可见，在未来的经济发展中，湖北通过 5 ~ 7 年的努力完全可以实现 GDP 总量的倍增；湖北自 2011 年 GDP 总量首次超过上海之后，未来十年将继续保持 GDP 总量更多地超过上海，并且湖北未来十年将较大幅度地缩小 GDP 水平与广东、江苏等发达省份之间的差距，较大幅度地提升湖北经济在全国的地位。

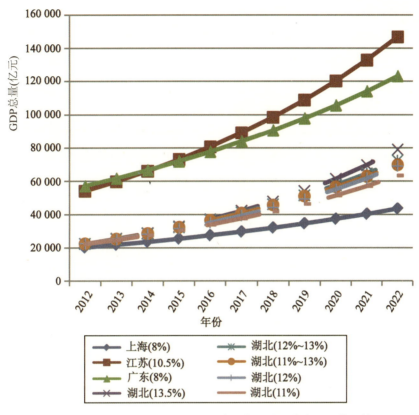

图29 未来十年 GDP 增长预测：湖北与上海、广东和江苏比较

瞻望"黄金十年"：湖北能够追赶发达省份吗？

湖北能够追赶上发达省份吗？1978—2004 年，由于湖北一次又一次地失去改革发展的机遇，与沿海发达省份之间的差距越来越大，追赶发达省份似乎是不可行的非分之想。然而通过 2004 年以来持续较快发展奠定的坚实基础，现在湖北站在"黄金十年"的重要起点上，追赶发达省份虽然有难度，道路依然曲折，但是这已经是一个可以展望的目标了。

人均 GDP 是衡量地区经济发展水平的一个重要指标。我们根据过去 5 年湖北省人均 GDP 的年均增长速度，对未来十年湖北人均 GDP 持续增长的路径展开预测，同时我们也根据类似的方法对于未来十年上海、广东、江苏的人均 GDP 的发展路径展开预测。经过比较，我们发现，未来十年湖北追赶发达省份具备非常好的基础和可行的路径。

在表19和图30中，我们参照过去5年的人均GDP年均增速和未来发展趋势，分别考虑5种不同路径，对湖北未来十年的人均GDP增长进行了测算，同时对上海、广东和江苏未来十年的人均GDP也进行测算，以便进行比较。过去5年，湖北可比价格计算的人均GDP年均增速为13.8%，而同期上海人均GDP年均增速为6.3%，广东人均GDP年均增速为8.9%，江苏人均GDP年均增速为12%。湖北人均GDP的增速已经持续高于上海、广东和江苏等发达省份的增速，借此增长态势，湖北通过未来十年的发展，能够以更快的步伐追赶发达省份。

表19　　　　未来十年人均GDP增长预测：湖北与上海、江苏、广东比较　单位：美元

年份	上海（6.3%）	江苏（12%）	广东（8.9%）	湖北5种不同增长路径预测				
				湖北（13.8%）	湖北（12%～13%）	湖北（11%～13%）	湖北（12%）	湖北（11%）
2012	13 377.70	10 813.10	8 569.80	6 110.60	6 110.60	6 110.60	6 110.60	6 110.60
2013	14 220.47	12 110.63	9 332.53	6 953.86	6 904.97	6 904.97	6 843.87	6 782.76
2014	15 116.36	13 563.91	10 163.12	7 913.49	7 802.62	7 802.62	7 665.13	7 528.86
2015	16 068.69	15 191.58	11 067.64	9 005.55	8 816.96	8 816.96	8 584.95	8 357.04
2016	17 081.02	17 014.57	12 052.66	10 248.32	9 963.16	9 963.16	9 615.14	9 276.31
2017	18 157.12	19 056.32	13 125.35	11 662.58	11 258.37	11 158.74	10 768.96	10 296.71
2018	19 301.02	21 343.08	14 293.51	13 272.02	12 609.38	12 497.79	12 061.23	11 429.35
2019	20 516.99	23 904.24	15 565.63	15 103.56	14 122.51	13 997.53	13 508.58	12 686.57
2020	21 809.56	26 772.75	16 950.97	17 187.85	15 817.21	15 537.26	15 129.61	14 082.10
2021	23 183.56	29 985.48	18 459.61	19 559.78	17 715.27	17 246.35	16 945.16	15 631.13
2022	24 644.13	33 583.74	20 102.51	22 259.03	19 841.11	19 143.45	18 978.58	17 350.55
湖北人均GDP倍增时间（年）				5.347	5.713	5.793	6.110	6.630

注：
- 2012年的各省市人均GDP数据来自各省市初步核算数据。
- 根据国家统计局发布的以可比价格计的人均GDP年增长速度的数据计算过去5年的年均增速，上海为6.3%，广东为8.9%，江苏为12%。
- 湖北过去5年人均GDP年均增速为13.8%。以此为参照，对湖北未来十年人均GDP的增长考虑5种不同的增长路径进行模拟和预测：其中第4栏的年均增长率为13.8%；第5栏的增长率为2012—2017年均13%，2018—2022年均12%；第6栏的增长率为2012—2015年均13%，2016—2018年均12%，2019—2021年均11%；第7栏的年均增长率为12%；第8栏的年均增长率为11%。
- 湖北人均GDP倍增所需的时间通过相关数据计算得出。

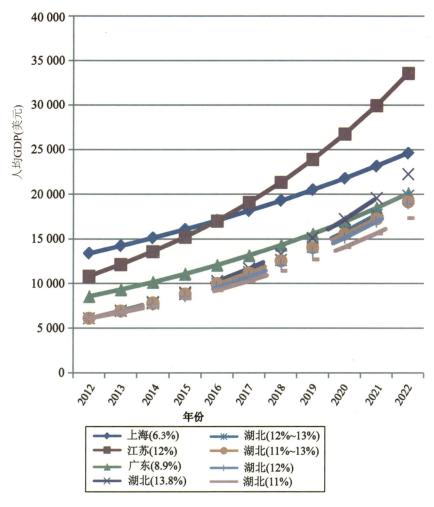

图 30　未来十年人均 GDP 增长预测：湖北与上海、广东和江苏比较

　　具体而言，如果湖北未来十年人均 GDP 增速达到 13.8%，则需要用 5.347 年的时间实现倍增，人均 GDP 将在 2016 年突破 1 万美元大关；将在 2020 年超过广东同期的水平，在 2022 年达到同期上海人均 GDP 的 90.3%，同期江苏人均 GDP 的 66.3%。

　　如果考虑到国际国内经济形势的各种不确定性因素，湖北在 2012—2017 年保持人均 GDP 年均增速 13%，2018—2022 年年均增速 12%，则大约需要用 5.713 年实现人均 GDP 的倍增，人均 GDP 将在 2017 年突破 1 万美元大关；到 2022 年，湖北人均 GDP 可以达到广东同期水平的 98.7%，上海同期水平的 80.5%，江苏同期水平的 59.1%。

　　基于湖北目前经济发展的趋势,我们设定的人均 GDP 的未来增长速度完全是可行的,因此,未来十年,湖北在 6 年或者 7 年内就能够实现人均 GDP 水平的倍增,从而实现向高收入水平发展阶段的跨越,较大幅度地缩小与发达省市的差距,甚至有条件赶超一些发达省份。

　　在图 31 中,我们进一步刻画了湖北与上海人均 GDP 差距的变化路径。从图中可以发现,依照湖北目前在人均 GDP 上的赶超速度(过去 5 年间人均 GDP 年均增速湖北为 13.8%,上海为 6.3%),只要湖北把握机会,保持目前稳健的增长速度和追赶姿态,那么,湖北与上海之间在人均 GDP 上的差距将逐渐缩小,将由 2012年相差 7 000 多美元缩小到 2022 年仅相差 2 000 多美元。由此可见,湖北通过"黄金十年"发展实现国民收入倍增,缩小与发达地区之间的差距,既是一个非常切实可行、实事求是的目标,也是一个实现跨越式发展的宏大蓝图。

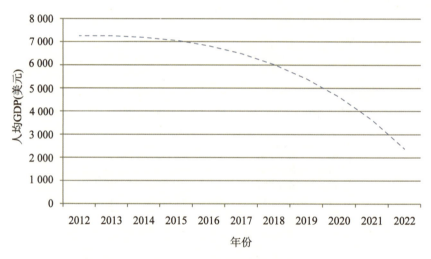

图 31　湖北与上海人均 GDP 差距的变化路径预测(2012—2022 年)
　　注:2012—2022 年上海人均 GDP 的年均增速设为 6.3%,湖北人均 GDP 的年均增速设为 13.8%。

新时代的"湖北追求"与"湖北自信"

从"湖北精神"到"湖北追求"

泱泱荆楚，人杰地灵。自古以来，以"凤"为图腾的湖北人就是有非凡追求的。"一飞冲天"、"涅槃重生"刻画着多么壮阔瑰丽的梦想，"虽九死其犹未悔"、"吾将上下而求索"展示着多么执著、坚韧、百折不回的勇气和追求！

"务实求真，崇德守信，开放包容，敢为人先"已经成为新时代的"湖北精神"。"务实求真"是一种脚踏实地的态度和作风；"崇德守信"是一种善良美好的道德规范；"开放包容"是一种宽阔兼容的胸襟；"敢为人先"是一种创新求变、拒绝平庸、追求卓越的精神。

"敢为天下先"，是湖北人千百年来崇尚的人文精神传统。在充满神话传说的史前时期，中华始祖之一炎帝神农，"植五谷，制耒耜，尝百草，疗民疾，兴贸易"，首开医农文明之先河。在步入信史时期后，先民们创造了灿烂的楚文化，从义理精深的哲学到汪洋恣肆的散文、精彩绝艳的辞赋，从五音繁会的音乐到翘袖折腰的舞蹈，以及美术、天文、历法、数学、冶炼、工艺等，无不达到令人惊叹的高度。

在近代，林则徐督鄂禁烟、张之洞推行洋务新政都曾令举国瞩目。百年前的武昌首义推动了轰轰烈烈的辛亥革命，一举推翻中国几千年来的帝制，开启了民主共和的新篇章。湖北武汉也因此以"共和摇篮、首义圣地"而闻名于世。武昌首义所彰显的勇立潮头、不怕牺牲、敢为人先的大无畏革命精神和丰富的文化内涵，不仅载入了人类追求民主进步的历史，更成为湖北人民世世代代取之不尽、用之不竭的思想资源和精神宝库。

当前，湖北已经站在经济发展"黄金十年"的重要起点上，未来的十年，既是乘势而上、谋求竞进发展的"强省十年"，也是推动包容性增长的"富民十年"。这就是新时代的"湖北追求"。

竞进提质谋发展的"强省十年"

2013 年是我国"十二五"规划发展的关键之年，是党的十八大制定的战略方针贯彻实施的开局之年。"竞进提质"是湖北省委、省政府在 2013 年初提出进一步推进湖北经济发展的新要求。

竞进提质，关键在于"进"，并且要以"千帆竞发"、"百舸争流"、"奋发向上"的姿态不断进取。"进"是一种精神追求，也是一种向上攀登、向前发展的进击态势。经济发展亦如逆水行舟，不进则退。

改革开放以来，广东抓住了 1980 年代的"黄金十年"，上海把握了 1990 年代的"黄金十年"，江苏则力挺 2000 年代的"黄金十年"，它们分别推动了 GDP 和持续较快增长，实现了 GDP 和人均 GDP 的较快倍增。而湖北尽管在改革开放以来也在谋求发展，但是从总体上讲，增长速度较慢，增长水平不够高，以致湖北在 GDP 和人均 GDP 等各方面与发达省市之间的差距逐渐扩大。当前，湖北已经形成了一种激流行船、乘势而上的发展气场，唯有勇于竞争，力争上游，不懈进取，方能勇立潮头唱大风。

在竞进中奋力作为，是切合湖北实际的因势而动，是时代赋予的必然选择。湖北正处于跨越式发展阶段，在全面建成小康社会的"黄金十年"中，要持续地以高于全国平均水平、领先中部地区的增长速度竞进，才能体现湖北经济发展现阶段的发展特征和要求。

目前，湖北正迎来"五局"之势：

一为**"棋局"**，全国改革与发展犹如波澜壮阔、惊心动魄的棋局，在沿海地区顺次开放发展，改革进入攻坚阶段之时，中部地区特别是处在中国之"中"的湖北的经济改革与发展已经列入国家发展战略。

二为**"格局"**，我国经济发展面临的国际国内局势已经发生很大变化，现阶段我国的经济发展需要更多地发挥幅员辽阔的内需市场优势，充分利用较为充裕的劳动和人力资源优势，尽可能地将"改革红利"向中部地区扩散，而当此国际国内经济格局的变迁之时，湖北的地位显得尤为重要。

三为**"布局"**，当前湖北出现多项重要改革政策叠加，武汉东湖国家自主创新试验区、武汉城市圈"两型社会"综合配套改革试验区、国家现代服务业发展试验区、国家以高铁为核心的交通运输中心枢纽等均布局在湖北。

四为**"谋局"**，湖北正处在跨越式发展的关键时期，湖北应精心谋划、聚力实施，力争开创科学发展的新局面。

五为**"势局"**，2004 年以来，湖北经济发展连创佳绩，包括 GDP、人均 GDP 在内的多项指标均已恢复或接近改革开放以来的最好水平，湖北发展可谓"中气十足"，气势如虹。

此"五局"的正能量正在激活湖北各地，湖北发展的步伐应该，并且能够迈得更快。

竞进提质，经济发展的内在保障在于"质"。"质"是指提高产业整体素质，提高经济发展质量，加快转变经济发展方式，从注重投入和规模扩张式发展转为注重质量效益的可持续发展。2013 年初的中央经济工作会议着重提出加快调整产业结构的任务，并且首次提出"提高产业整体素质"的更高要求。这意味着，十八大报告中指出的"加快转变经济发展方式"的战略目标，已经形成了明确可行的实施路径、具体可操作的路线图和时间表，体现了我国宏观经济调控工作在顶层设计上的重要部署。

我国目前正处在转变经济发展方式的重要战略机遇期。一方面，三十多年的经济改革已经实现了国家经济总量和经济实力的巨大突破，建立了完整的产业体系和市场体系，积累了在经济生活各个领域推进改革开放的宝贵经验。另一方面，我国经济发展中的一些深层次问题也逐步暴露出来，例如我国经济增长过度依靠资本投入和外向型经济拉动，投资与消费的比例严重失调，消费率特别是居民消费率对经济增长的贡献度持续走低；我国农业基础薄弱，靠天吃饭的增长方式依然没有根本改变；制造业虽大却不强，许多产业和企业处在产业链的低端，缺乏自主知识产权的核心技术和世界性知名品牌；现代服务业发展严重滞后，环境污染和资源消耗的代价过大；城乡之间、区域之间经济发展还很不协调，等等。要加快转变经济发展方式，重点在于加快调整产业结构，提高产业整体素质，提高我国企业、产业和经济整体的国际竞争力。

湖北改革开放以来的经济发展较沿海省份相对落后，我国经济发展中存在的诸多问题在湖北都有十分明显的表现。因此，湖北下一步的经济发展不仅要实现经济增长速度和增长水平上的突破，而且要更加注重吸取沿海发达省份经济发展中的经验教训，以更长远的眼光规划经济结构，着力提升产业整体素质。

提升产业整体素质的一个关键是着力增强创新驱动发展新动力，即切实把增强自主创新能力贯彻到经济发展的各个方面：

其一，加快建设国家创新体系，充分发挥科技第一生产力和人才第一资源作用，来推动发展向主要依靠科技进步、劳动者素质提高、管理创新转变。我国已经先后建立了北京中关村、武汉东湖高新区、上海张江高新区等三个国家自主创新示范区，要以这三个示范区为基点和轴心，推出一系列促进知识创新、技术创新的政策举措，发挥各示范区的优势并建立互补、互通、互助机制，由此建立具有中国特色的国家创新体系。

其二，要实施创新驱动发展战略，就是"要坚持走中国特色自主创新道路，以全球视野谋划和推动创新，提高原始创新、集成创新和引进消化吸收再创新能力，更加注重协同创新"。十八大报告中提出的这"四个创新"高度概括了我国自主创新道路的特色和可行路径。目前我国多数产业和企业只限于简单的引进吸收型技术创新，这与我国经济发展现阶段的要求、与提升我国制造业国际竞争力的要求相差甚远，因此，必须大力推进"产、学、研、金、政"深度合作，强调协同创新的重要性，形成一批具有自主知识产权的核心技术和产品，努力夯实我国产业和企业的技术实力与竞争力。

其三，加强制度创新，提升经济管理和社会管理的能力，积极培养、吸引、交流和利用人才资源，让知识创新、技术创新与制度创新、管理创新共同成为推动经济社会发展的引领力量，成为有效利用全球资源的核心要素和主要动力。

提升产业整体素质的另一个关键是着力构建现代产业发展新体系，即要大力推进经济结构战略性调整：

其一，要坚持走新型工业化道路，即坚持以信息化带动工业化，以工业化促进信息化，工业化和信息化并举的道路；坚持走科技含量高、经济效益好、资源消耗低、环境污染少、人力资源优势能充分发挥的道路。

其二，要推进产业结构战略性调整，促进第一、第二、第三产业协调发展，提升制造业核心竞争力，发展战略性新兴产业，加快发展现代服务业，加快建设资源节约型和环境友好型产业格局。目前我国制造业大而不强，各地区产业发展缺乏特色，新兴产业在各地布局雷同、重复的问题比较突出，现代服务业在 GDP 中的占比偏低，仍有许多高污染高能耗的产业需要淘汰和调整，必须立足全局和长远目标，推进战略性的产业调整，才能有效地实现我国产业结构升级。

其三，以扩大内需为基点，推动工业化、信息化、城镇化、农业现代化"四化并举"，稳步推进城镇化。要积极推动和实现对传统农业的改造，切实提高农民收入水平和消费能力。要加大统筹城乡发展力度，促进城乡共同繁荣。加大强农惠农富农政策力度，让广大农民平等参与现代化进程，共同分享现代化成果。加快完善城乡发展一体化体制机制，促进城乡要素平等交换和公共资源均衡配置，形成以工促农、以城带乡、工农互惠、城乡一体的新型工农、城乡关系。

其四，推进各地区经济协调发展。当前我国各地区间经济发展水平和收入水平依然存在较大差距，生产要素的跨地区流动还不尽合理。因此，需要在继续加强建设长三角、珠三角、京津地区经济增长点的基础上，积极推进"中部崛起"等区域发展战略，在中部、西部地区培育新的经济增长点，形成一批有竞争优势的产业集群、城市集群，全方位地优化资源配置，以现代产业发展带动区域经济发展。

为此我们主张，在未来十年乃至更长时期，"湖北追求"就是保持经济发展较快和稳健的速度，形成较为均衡的地区间、城乡间发展格局，不断夯实经济基础，不断提高产业整体素质，持续提高经济综合竞争力。湖北发展"黄金十年"的关键在于"强省"。所谓"强省"，一是指全省的经济实力不断增强，经济总量要力争由 2 万亿元迈入 3 万亿元、4 万亿元大关，在全国经济格局中的地位不断提升；二是指全省人均 GDP 和人均国民收入水平要实现倍增；三是指全省主要经济指标，包括工业增加值、外贸和引进利用外资、研发投入、高新技术产业产值等均明显提升；四是指在全省打造更多的大中型现代化城市和现代化产业。

竞进提质谋发展，是湖北提升经济发展质量和跨越发展新门槛的内在要求。湖北的人均 GDP 目前已经达到中等偏高收入水平，并且湖北就人均 GDP 的排名而言，也正处在我国的中等偏高收入水平梯队中。湖北进一步经济发展所面临的国际国内环境已经发生较大变化，如果不转变经济发展方式，不提升经济发展质量，就有可能落入"中等收入陷阱"，止步于新的经济发展门槛之外。

针对湖北现在面临着的挑战，我们必须审时度势，未雨绸缪。在未来十年，转方式、调结构、兴产业、提质量、增效率，都面临诸多深层次的矛盾和障碍，需要我们以更大的勇气、坚强的意志、超常的力度攻坚克难，锐意突破。只有以进求变，以进得变，竞进促变，才能以"进"的积极效应维护好"稳"的宏观大局，也才能开拓新的发展空间，成功跨越经济发展的新门槛。

推动"包容性增长"的"富民十年"

湖北发展"黄金十年"的根本在于要让湖北广大民众参与经济发展的进程，分享经济发展的成果。省十次党代会报告已经将"人民生活水平实现新提高"、"实现'十个确保'"纳入发展目标，描绘了"努力实现城乡充分就业，居民收入翻番，生活大幅改善"的美好蓝图。因此，坚持"富民优先"符合经济发展和建设小康社会的根本目标，湖北发展未来的十年应该是"富民十年"，应该着力推动"包容性增长"，这是新时代的"湖北追求"。

包容性增长（inclusive growth），是由亚洲开发银行2007年首次提出的，又称共享性增长。包容性增长倡导机会平等的增长，倡导社会和经济协调发展、可持续发展，其最基本的含义是公平合理地分享经济增长。与单纯追求经济增长相对应，包容性增长的含义在于，不能只单纯发展经济，而应该使经济、社会更加全面、均衡地发展，使经济增长和社会进步、人民生活改善同步进行。只有这样的增长，才符合经济发展的根本目的，也才能实现全面协调可持续发展。

包容性增长的理念是对于长期高速增长下出现的一系列经济、社会问题的深层次反思。我们在改革开放以来持续了三十多年较高的经济增长速度，然而高增长的背后也隐含许多问题，其中一个突出问题就是收入分配不公。

在改革开放以来，我国收入分配不均等的程度不断加深，城乡间、地区间收入差距悬殊已经引起了广泛关注，特别是贫困人口从经济增长中受益较少，城乡贫困人口依然较多。同时，我国经济持续高增长导致了日益严重的环境和资源压力，经济增长导致的结构不均衡问题也日益突出，例如经济增长过多地依赖投资和出口拉动，消费需求特别是居民消费需求的比重偏低；产业方面重工业比重较高，现代服务业发展严重不足；在工业化、城镇化的进程中，社会领域的发展和社会管理严重滞后，等等。

推动包容性增长，有助于积极应对这些深层次的改革与发展问题。2009年11月、2010年9月和2010年11月，中国领导人胡锦涛连续三次在亚太经济合作组织的高层会议上提出推动包容性增长，指出这是切实解决经济发展中出现的社会问题，推进贸易和投资自由化，实现经济长远发展的重要战略举措。

当前，湖北已经在新的发展起点上，启动了较快经济增长的势头，推动包容性增长，有效解决经济社会发展中出现的新问题，任务十分艰巨。我们的研究表明，目前湖北居民收入差距依然十分明显：

其一，湖北城乡居民收入差距低于全国平均城乡居民收入差距，但湖北城乡居民收入差距有扩大趋势。我们计算了1980年以来湖北城镇居民人均可支配收入与农村居民人均纯收入水平的差距，结果发现，1980—1990年，湖北城乡居民收入差距较小，此后则出现迅速扩大趋势。

其二，全省城镇居民人均可支配收入的标准差和变异系数在迅速扩大，2008年以来，全省城镇居民人均可支配收入的变异系数一直高于0.15。

其三，全省农村居民人均纯收入的变异系数更大，2000—2010年几乎始终处在0.20～0.23的高位段。近几年来，全省农村居民人均纯收入的变异系数不仅没有缩小，反而出现了反弹。

我们认为，未来十年和更长时期是湖北省城市化、工业化进程加快发展的时期，也是推动城乡一体化的经济社会发展规划的关键时期，因此，实施富民战略，不断提高城乡居民收入水平，加快对传统农业的改造，缩小居民收入差距，对于湖北中长期的经济发展战略具有重要意义。

所谓"富民优先"，是指要在推进经济增长的同时，保障城乡居民的收入水平增长不低于经济增长的速度。2011年湖北省城镇居民可支配收入水平为18 374元（增速14.4%），在全国居于第16位。湖北省目前的城镇居民可支配收入不仅大大低于全国平均水平（21 810元），也低于全国中位数水平（19 118元），而且还低于同样位于中部的湖南（18 844元）和安徽（18 606元），甚至低于位于西部的广西（18 855元）和云南（18 576元）。这实在是与湖北目前的总体经济增长不太相称。省十次党代会报告中指出"顺应人民群众过上更加美好生活的新期待，着力构建充分就业、体面劳动、合理分配、幸福生活的共建共享新格局"，充分体现了坚持"富民优先"战略是开创经济发展"黄金十年"的根本目标。

通过对不同收入水平的各组国家在不同时期收入增长与经济增长速度的偏差的分析，我们发现，高收入国家的居民收入增长率普遍超过经济增长率，低收入国家的居民收入增长率则低于经济增长率；而当低收入国家进入中等收入水平之后，收入增长率会逐渐提高，直至超过经济增长率。中等收入国家逐步由投资驱动转向消费驱动的增长方式，决定消费水平的关键因素是收入，居民收入对消费水平的影响程度很高，人均收入增加、消费结构升级、资源配置改善与整个经济增长与结构升级之间层层递进，正向相关。消费促进的力度，也就是它对经济运行影响的广度和深度，主要取决于居民收入的增长，居民收入增长越有力，消费启动在拉动经济增长方面的效果就越好。因此可以说，把"富民战略"作为全面建设小康社会的基本内涵之一提出来，是我们党和政府在经济发展新阶段，根据新的经济运行状态和新的要求，把握经济发展的规律，做出的重大经济决策。

湖北要推进"富民十年"，我们主张有效地提高居民的货币收入。湖北省城镇居民可支配收入和农村居民纯收入在全国都还处在中等偏下水平，居民收入的排名落后于全省 GDP 的排名，因此，要制定实施富民规划，确保湖北城乡居民收入水平的提高要"跑赢 GDP"、"跑赢 CPI"，居民生活水平不断提高。同时要认识到，只有城乡居民收入增长，富民的根本目的才能实现，通过消费促进 GDP 增长的发展模式也才能成为现实。

湖北要推进"富民十年"，我们主张促进居民财产性收入和财产存量的增加。收入的富余产生储蓄，各种储蓄成为财富，而财富又是人们创业初期的资本积累，蕴藏着进一步富民的无限可能。家庭财产在经济生活中扮演着越来越重要的角色，成为反映居民生活水平的重要指标，增加人民的个人财产，不仅是发展的目标，也是发展的原动力。财产增加更具有意义的是导致家庭经营性资产的增加，使富民具有自我累进扩张的路径。一般来说，有经营性投资的家庭经过原始积累，会累计一定的经营性资产，同时也会有继续注入资金的行为，那么家庭未来的经营性收入和财产性收入将会构成家庭未来较为稳定且丰沛的现金流。相较于比较难以大幅增长以及渠道单一的工薪收入和转移性收入而言，家庭经营性收入和财产性收入在家庭可支配收入中比例的上升，对于家庭财务结构的稳定、未来家庭收入的增长以及家庭财富的积累将会产生更为明显的作用。

湖北要推进"富民十年"，我们主张确保大多数人的共同富裕。经济发展的基本目标就是要摆脱贫困，富裕人民。富民目标，不是小部分人富，而是大部分人富，要实现大多数人的共同富裕。因此，必须坚持把增加城乡居民收入作为民生之源，建立健全工资正常增长机制，提高居民收入在国民收入分配中的比重、劳动者报酬在初次分配中的比重，使收入分配水平与湖北省经济发展水平相适应。突出做好中低收入者和困难家庭增收工作，努力缩小城乡间、各城市间、农村各地间的收入差距。稳定物价总水平，完善并落实社会救助和保障标准与物价上涨挂钩的联动机制，保证贫困家庭不因物价上涨而降低生活标准。

湖北要推进"富民十年"，我们主张提高人民生活水平和生活质量。所谓衣、食、住、行、生、老、病、死、安、居、乐、业，就是指居民直接面对的微观生活的林林总总，这些与老百姓的生活息息相关的指标，直接体现着人民的生活水平和生活质量。随着居民的生活水平和生活质量提高，居民的消费活动更多地从家庭转向社会，并会生成对公共产品的大量需求，包括公路、铁路、港口、机场、电网、城市公共交通和煤气、自来水，以及文化、卫生、体育、市场、社区等各类公共设施的建设。湖北省目前仍然有大量居民居住在农村，而农村的基础设施建设和公共服务体系建设又十分短缺，因此，提高居民生活质量的重点就是要加快农村的基础设施建设和公共服务体系建设，实现"无空间差异"的基本公共服务，确保城乡居民在获取公共服务方面享有均等的机会和社会公平。

从"道路自信"、"制度自信"到"能力自信"

中华人民共和国成立之初，伴随着新中国第一座长江大桥在武汉的兴建和京广铁路的贯通，伴随着以武钢、武重、武船、武锅、武石化等为代表的"武字头"大型国有企业的建立，湖北人曾经对于经济发展和幸福生活的未来满怀憧憬，充满信心。然而在改革开放之后，湖北经济发展的步伐相对放慢了，广东、上海、江苏、山东、浙江、辽宁等沿海省份则纷纷把握改革开放的机遇，在经济发展方面取得了突破，湖北不论是 GDP 总值，还是人均 GDP、城乡收入水平、生活质量等方面都与沿海发达省份拉开了差距，大量的湖北优质高端人才开始"孔雀东南飞"，纷纷向沿海大城市流动，湖北还由新中国成立初的劳动力输入省份变成了改革开放后劳动力输出大省，大量技能劳动力选择离开湖北到沿海地区打工。

湖北的经济发展能否赶上来？很长时期，人们似乎缺乏底气和信心来面对这个问题。

当前，湖北已经开启经济发展的"黄金十年"，久违的"湖北自信"又回来了！"湖北自信"来自于改革，"湖北自信"来自于发展。

2004 年以来，湖北的经济发展再次进入平稳较快的运行轨道，取得了一系列重要的发展成就。GDP 总值从 1 万亿元提升到 2 万亿元只用了 4 年时间，GDP 总值排名再次回到全国第 9 位，这也是湖北时隔 21 年重新回到这个改革开放以来曾经达到的最好位次；GDP 占全国的比重突破 4%，这也是湖北时隔近 20 年终于再次突破 4% 大关，并且已经非常接近改革开放以来湖北 GDP 曾经达到的最高比重；城乡居民收入水平持续提高，CPI 指数低于全国平均水平，生活幸福指数上升等等。这一系列的发展成绩来之不易，凝聚着所有湖北人的激情奋斗，也进一步激发着"湖北自信"。

第一，"湖北自信"的根本基础是"道路自信"。

经济发展的历程充分表明，在计划经济时代，湖北经济发展受到种种条条框框约束，步伐缓慢，改革开放带来了湖北发展翻天覆地的变化和历史性的进步。因此，传统的计划经济的老路决不能再重复，湖北人对于坚持改革开放的道路充满信心。

其一，就经济总量而言，新中国成立初期的1952年，湖北GDP总值仅为24.51亿元，到改革开放初期的1978年，全省GDP总值也只有151亿元，平均每年仅增加4.865亿元。改革开放带来了全新的经济发展局面，到1992年，全省GDP总值突破1 000亿元，2004年突破5 000亿元，2008年首次突破1万亿元大关，2012年更是突破2万亿元大关。可以估算出来，2008年湖北一天的GDP约为31亿元，比1952年全年GDP还多6.49亿元。

其二，就经济增长速度而言，改革开放前（1953—1978年）年均递增5.5%，改革开放后（1979—2008年）年均递增10.5%，最近5年（2007—2012年）年均递增13.5%，表明改革开放给湖北经济发展带来巨大变化，发展势头良好。

其三，就人均GDP而言，1952年湖北人均GDP仅有90元，1978年也只有332元，平均每天不到1元，2008年全省人均GDP达到19 858元，是1952年的220倍。2012年全省人均GDP突破6 000美元大关，标志着湖北在全面建设小康社会的进程中迈出了坚实的一步。

其四，就城乡居民收入而言，在改革开放以前，居民收入水平长期停滞，而1978—2008年城镇居民人均可支配收入和农民人均纯收入年均增长分别为12.9%和12.7%，2008年城镇居民人均可支配收入和农民人均纯收入分别为1978年的43倍和41倍。城乡居民储蓄也不断跃增，1978年仅为6.97亿元，2008年达到6 800.41亿元，为1978年的975.67倍，年均增速达到24.8%。

其五，就城乡居民生活水平而言，改革开放之前居民生活水平提升缓慢，1960年代、1970年代居民消费仅达到"老三件"（自行车、手表、缝纫机）水平，直到1978年，城市和农村居民的恩格尔系数分别为57%和70.8%。改革开放之后，人均消费支出逐年加快，城乡居民消费能力不断增强。2008年城镇居民人均消费性支出9 478元，比1980年增长25倍，年均增长11.7%；农村居民人均消费性支出5 402.06元，比1978年增长49倍，年均增长13.4%。从1980年代的"新三件"（摩托车、电冰箱、洗衣机），到现在的"新三件"（电脑、汽车、商品房），居民消费结构迅速升级。医、教、娱、住、行支出占消费支出的比重在改革开放初期还是微不足道的，到2008年升至26.3%。城乡人均住房面积分别由改革开放初期的 3.8 平方米和 11.8 平方米增加到 32 平方米和 39 平方米，分别扩大 8.4 倍和 3.3 倍。城乡居民生活步入较宽裕的小康水平。

第二，"湖北自信"的坚强保障是"制度自信"。

中国是人口众多的发展中大国，新中国成立以来，特别是改革开放以来的发展经验充分表明，建设中国特色的社会主义制度是取得经济和社会发展各项成就的根本保障。从制度上来讲，中国特色社会主义制度是我国的最大优势。中国共产党始终坚持走自己的路，不断创新和发展政治、经济、文化、科技，不断完善政治、经济和民生政策；始终坚持以人为本，把最广大人民的根本利益作为一切工作的出发点和落脚点；始终坚持走群众路线，充分体察民情、尊重民意、集中民智；始终把人民最关心、最直接、最现实的利益问题放在第一位，实现好、维护好、发展好最广大人民的根本利益。

湖北有着悠久的革命传统，经历了漫长和曲折的社会主义经济改革与发展的实践，当前，湖北坚定不移地贯彻落实中央的方针政策和决策部署，有效地继承历年来关于湖北发展的一系列战略思路和有效举措，坚持在继承中创新，在创新中发展，走出了一条符合中央精神、切合湖北实际、具有湖北特点的科学发展跨越式发展之路。湖北对于坚持中国特色的社会主义制度充满自信。

湖北发展中的这种"制度自信"全面地体现在湖北制定经济和社会发展战略的指导思想之中：

其一是坚持把解放思想与改革创新结合起来。围绕破解发展难题、解决实际问题，深入解放思想，用好发展机遇。既善于抢抓机遇、创造机遇；又善于危中寻机、化危为机，不失机遇的历史性惠顾。坚持不懈地深化改革、扩大开放，建立和完善有利于科学发展、跨越式发展的体制机制，在改革创新中凝聚发展动力、集聚发展资源、开拓发展空间。

其二是坚持把保增长与转方式结合起来。牢牢把握发展是科学发展观的第一要义，自觉坚持科学发展的标准"一步到位"，努力实现好中求快。既重视抓当前又积极谋长远，既重视发展速度又注重发展质量，既重视改善硬环境又大力提升软环境，努力在加快发展中转变发展方式，在壮大规模中调整优化结构，在科学发展中实现富民强省。

其三是坚持把抓发展与惠民生结合起来。坚持以人为本、执政为民，以民生为纲统筹各项工作。自觉坚持经济发展与改善人民生活同步共进，发展成果与人民共建共享，努力实现好、维护好、发展好全省人民的根本利益。

其四是坚持把做好群众工作与改进干部作风结合起来。坚持"人民至上"，把做好新形势下的群众工作作为党的"生命工程",通过"三万"活动等行之有效的载体,推动各级干部切实转变作风,密切与群众的联系,增进同群众的感情,不断夯实党的群众基础。

其五是坚持把凝聚内在力量与争取外力支持结合起来。有效发挥省委总揽全局、协调各方的领导核心作用,统筹协调好党委、人大、政府、政协工作,着力营造团结一心、和谐共事、各司其职、各尽其力的良好政治生态和工作氛围。坚持面向基层、重心下移、排忧解难、分类指导,引导好、保护好、发挥好各市州县的积极性。千方百计加强部省合作,主动对接央企,广泛争取兄弟省区市支持,加强海内外交流合作,形成发展的强大合力。

第三,"湖北自信"的不竭源泉是"能力自信"。

省十次党代会提出了建设"富强湖北、创新湖北、法治湖北、文明湖北、幸福湖北"的战略任务,湖北当前所追求的目标不只是经济增长,而是要在湖北经济和社会生活的各个方面取得重大突破,通过推动"五个湖北"的建设,把湖北带入一个更高的发展阶段。"五个湖北"充分彰显了当代湖北人对于建设美好家园、创造幸福生活的"能力自信"。

"富强湖北"既包含着对经济发展速度、规模等"量"的要求,也包含着对经济整体素质、产业结构、综合竞争力等"质"的要求。"富"就是要求全省经济总量实现由2万亿元向3万亿元以上的跨越,并继续向更高水平迈进;主要经济指标在全国的位次进一步前移;转变经济发展方式取得突破性进展,产业核心竞争力和综合实力大幅跃升,在中部地区率先实现全面建设小康社会的目标。"强"就是要求"三化"协调发展走在全国前列,全省经济实力再上新台阶;把湖北建成中部乃至全国重要的先进制造业基地、高新技术产业基地、优质农产品生产加工基地、现代服务业基地和综合交通通信枢纽;实现工业大省向工业强省、农业大省向农业强省、科教大省向科教强省、文化大省向文化强省的跨越;在中部崛起中的自主创新示范功能、"两型"社会建设引领功能和对外开放服务功能明显增强。

"创新湖北"就是要建立创新驱动的发展模式,湖北对自身具备的创新资源、创新潜力充满自信。近年来,湖北出台了《关于增强自主创新能力,建设创新型湖北的决定》、《关于深化改革,创新机制,加速全省高新技术产业发展的实施意见》、《湖北省科学技术进步条例》、《湖北省区域创新体系建设规划纲要》等一系列政策法规,显示湖北坚定地把创新写在发展的旗帜上。

湖北具有雄厚的科教资源,是国家重要的研究开发基地,全省高等学校和科研机构数量众多,实力较强,一批国家级、省级高新技术开发区发展势头强劲。湖北既有充沛的劳动力资源，又拥有大量的科技人才和高素质人才储备，科技活动人员总数居全国前列。这些创新资源与其他资源相比是取之不尽的资源，是湖北最宝贵的资源。

湖北的创新潜力是巨大的。从发展阶段上来看，湖北正处于加快发展的战略机遇期，包括工业化中期阶段的加速期、城乡区域统筹发展的互动期、体制机制改革的突破期。从发展空间上来看，湖北经济总量发展空间大，高新技术产值增长前景广阔。从科技创新方面来看，湖北科技成果转化率、自主创新成果产业化率都有较大提升空间。从创新的支撑环境上来看，湖北还有很大潜力进一步优化政府管理体制，加大科研投入，保护知识产权，培育创新主体，营造宽松的社会环境等。

"法治湖北" 建设是提升湖北经济实力、加快富民强省进程的重要保障。法治与市场经济具有天然的、不可分割的联系，市场经济本质上就是法治经济。湖北科学发展、跨越式发展日益依靠市场机制的作用，尤其需要法治来引导、保护和规范。2009 年 5 月，《法治湖北建设纲要》审议通过，湖北法治建设进入全新阶段，影响深远。

近年来，"法治湖北"建设不断取得新的进展。良好的法治环境既是经济社会科学发展之需，也是保障改善民主、增进群众福祉之要。湖北在全国率先提出建设"法治湖北"的战略目标，充分体现了与时俱进、依法治省的理性思维和行动自觉，体现了建设完善社会主义法治、社会主义市场经济的长远战略思考，体现了对法治在构建重要战略支点中重要保障作用的清醒认识和高度重视。

"文明湖北" 建设是构建中部崛起战略支点的重要支撑。当前，文明程度已成为衡量社会发展进步的一个重要指标，文化在综合国力竞争中的地位日益突出。评定一个国家或地区实力的强弱，不仅要看物质财富的多寡和社会发展的快慢，而且要看文化发展和精神文明建设的水平。同时，建设生态文明已成为世界大多数国家的共识，生态平衡是可持续发展的重要前提和保障。与经济和科技优势一样，思想文化和生态环境的优势也越来越成为内生性、可持续性的竞争优势和发展优势。湖北要加快构建促进中部地区崛起重要战略支点，实现科学发展、跨越式发展，不仅要增加投资、增加项目，而且要提升精神状态、提升文明程度；不仅要提升硬实力，而且要打造软实力；不仅要成为实体的支点，而且要成为文化的支点、生态的支点。因此，我们必须大力加强文明湖北建设，以坚实的精神支撑、文化支撑、生态支撑来夯实支点、强化支点。

"幸福湖北" 是对中国特色社会主义核心价值最实际的诠释和体现，是湖北经济发展阶段性特征的新要求。当前湖北已经进入中等偏高收入水平的发展阶段，随着社会财富迅速增长，中等收入阶层比重不断提高，居民财富加速积累，将进一步带动城乡居民的消费需求，消费结构由过去的吃、穿、用为主向住、行、娱为主升级，老百姓在切实感受现代化带来变化的同时，将对社会保障、社会福利、生态环境、公平正义、个人权益、安全状况等"幸福要素"提出新要求。建设"幸福湖北"，正是对人均收入进入中等收入阶段、居民消费从温饱型向小康型升级、人民群众对美好生活出现新期待等阶段性特征的积极回应，是湖北现阶段发展的客观要求。湖北有信心在推进较快经济发展的同时，把握好人民群众的新期待、新要求，多谋民生之利，多解民生之忧，切实解决好群众最关心最直接最现实的利益问题，使人民群众真正享受看得见、摸得着的幸福，让人民群众生活得更加幸福，更有尊严。

未来十年是湖北发展的"黄金十年"，"五个湖北"的建设将全方位地体现"黄金十年"的建设成效。"富强湖北"是基础，"创新湖北"是动力，"法治湖北"是保障，"文明湖北"是品质，"幸福湖北"是根本。"五个湖北"建设是经济建设、政治建设、社会建设、文化建设的有机统一，也是经济发展的根本目标与时代要求的统一；是国家战略与湖北跨越式发展的统一，也是湖北经济发展与社会进步的统一。从理念到行动，建设"五个湖北"的"能力自信"是推动湖北未来"黄金十年"富民强省的重要支撑。

如何推动湖北发展"黄金十年"?

增强创新驱动发展新动力：打造"中国光谷"名片

依靠创新驱动发展是我国经济未来发展的必然趋势，也是湖北经济发展现阶段的战略要求，创新决定着湖北资源配置和经济结构转型方向，决定着湖北经济在未来十年乃至更长时期的竞争优势之所在。

着力增强创新驱动发展的新动力，加快转变经济发展方式是我国抓住现阶段经济发展战略机遇，跨越中等收入水平发展阶段的重要决策。我国是世界上最大的中等收入国家，经济总量已经跃居全球第二位，2011 年按可比价格计算的人均国内生产总值约 5 450 美元，处于中等偏高收入水平国家的阵营。目前世界上中等收入国家数目达 104 个，集中了全球 50% 以上的人口。但是在过去几十年间，只有极少数的中等收入国家实现了经济发展的突破，跻身于高收入国家的行列；而绝大多数的中等收入国家（例如拉美、东南亚、南亚的许多国家）则由于固守传统经济发展方式，出现经济增长停滞、产业结构老化、收入差距扩大、社会矛盾突出等一系列问题，以致出现所谓的"中等收入陷阱"。这些深刻教训值得汲取。

从经济发展历史来看，转变经济发展方式是工业化进程的内在需要，反映了经济发展的客观规律。在世界各国的工业化过程中，经济发展初期技术水平低下，主要依靠资源投入来提高产出；而当工业化进行到一定阶段，经济总量达到一定规模，资源供给的约束日益突显时，就必然要求转变经济增长方式。传统的经济发展方式只注重单一的、片面的产出增长，如果长期持续，就会导致大规模的资本投入，对不可再生资源的大规模开放和使用，对自然环境的严重破坏；导致收入分配格局严重失衡，贫富悬殊，社会动荡；还将导致对社会公平、社会福利、文化建设、基本公共品供给等众多领域的严重忽视。因此，先期工业化国家的发展进程都内在地要求转变经济发展方式，由粗放型、多投入低产出的增长转变为集约型、少投入多产出的增长，而工业革命、第二次工业革命等一次次重大的技术创新、产业升级、经济结构调整等都积极地顺应了经济发展方式转变的需要。

湖北已经开启经济发展的"黄金十年"，不论是经济增长的速度和水平、经济结构的调整，还是技术进步、产业升级与经济开放度等方面都进入到一个新的发展阶段。当此之时，大力增强创新驱动发展的新动力，加快转变经济发展方式，对于湖北抢抓经济发展的战略机遇，在"黄金十年"实现地区生产总值和城乡居民收入水平的倍增，奋力赶超发达省份的经济水平，争取率先全面建成小康社会，具有十分重要的战略意义。

"中国光谷"武汉东湖国家自主创新示范区是湖北省实施创新驱动发展战略的一个重要立足点，也是对于我国建立国家创新体系、转变经济发展方式都具有标志性意义的重要品牌。当前我国已经形成北京中关村、武汉东湖高新区和上海张江高新区"三足鼎立"的国家自主创新示范区发展格局。推动"中国光谷"发展的意义更加突出：一方面，国家自主创新示范区的深化发展对于促进经济结构转型和升级、加强国家自主创新能力建设、推进开放型经济发展和提升国际竞争力、确保国民经济持续稳健发展，无疑肩负着重要的责任和使命；另一方面，国家自主创新示范区也面临着新的发展机遇和更加广阔的发展前景。

武汉东湖高新区自建立以来成就斐然，特别是在获批国家自主创新示范区以来迅速发展，已经成长为我国重要的科技资源密集的高新区，在光通信、激光、微电子和新材料等领域的科技开发实力处于国内领先地位。随着富士康、中芯国际、EDS 等世界 500 强企业的落户和生物产业基地建设，形成了光电子信息、生物技术、清洁技术、现代装备制造、研发及信息服务等五大支柱产业竞相发展的格局。然而，与北京中关村和上海张江相比，与国际知名的科技工业园区相比，武汉东湖高新区还存在许多问题和不足。为此，必须找出差距，明确定位，进一步推进武汉东湖国家自主创新示范区建设，增强湖北创新驱动发展的新动力。

"中国光谷"建设目前存在的问题与差距

目前全国高新技术园区已经达到 88 个，武汉东湖示范区在 3 个国家自主创新示范区中是有特色、有亮点、有潜质的一个示范区，但是，其进一步的发展面临着非常严峻的国内竞争与国际竞争。因此，明确自身优势与劣势，特别是找出自身差距，对于制定长期战略性发展规划至关重要。

其一，"中国光谷"在发展规模、科技实力、影响力与竞争力等方面与中关村和张江示范区还存在一些差距。

由表 20 和图 32 可见，武汉东湖示范区的企业数不到中关村企业数的 16%，企业平均规模与中关村和张江有较大差距；武汉东湖示范区的营业总收入远远落后于中关村和张江；尽管在工业总产值方面与中关村和张江的差距明显较小，但是这表明武汉东湖示范区在发展现代服务业方面与中关村和张江的差距非常悬殊；从创造净利润和上缴利税情况来看，武汉东湖示范区均落后于中关村和张江，但是上缴利税与净利润的比值武汉东湖示范区最高，说明武汉东湖示范区对于高新企业提供的税收等政策优惠还不够充足；从出口创汇来看，武汉东湖示范区远远低于张江和中关村，这说明武汉东湖示范区在开拓国际市场、参与国际竞争方面还比较薄弱。

表20　**2010 年全国高新区和 3 个国家自主创新示范区的主要经济指标比较**

	企业数（家）	从业人员（万人）	营业总收入（亿元）	工业总产值（亿元）	工业增加值（亿元）	净利润（亿元）	上交税额（亿元）	出口创汇（亿美元）
全国高新区合计	51 764	859.006 0	97 180.9	75 750.3	19 271.7	6 261.3	4 968.2	2 476.3
北京中关村	15 720	115.799 2	15 938.7	4 988.0	863.2	1 106.4	767.2	227.4
上海张江	1 108	33.048 5	5 805.5	3 772.2	798.7	549.3	365.0	239.7
武汉东湖	2 468	32.882 2	2 926.1	2 508.8	860.3	176.7	161.3	37.8

数据来源：国家科学技术部发展计划司：《科技统计报告》（2011 年 9 月 22 日）。

其二，在推进两型社会建设和提高发展效率方面还存在不足。

从能耗指标上看，据国家统计局数据，近年来，国家高新区规模以上工业企业单位增加值综合能耗指标是 0.51 吨标准煤/万元，相当于全国平均水平的 40%。其中万元 GDP 能耗低于 0.3 的高新区有 13 个，上海张江高新区和北京中关村万元 GDP 能耗仅为 0.14 吨标准煤和 0.2 吨标准煤。从人均产出指标看，2006 年国家高新区从业人员人均 GDP 为 21 万元，是全国人均 GDP1.6 万元的 13 倍，其中最高的上海张江高新区、青岛高新区从业人员人均 GDP 分别为 52.6 万元和 37.1 万元。从地均产出指标看，北京中关村地均产出达 1.7 亿元/公顷，上海张江高新区平均每平方公里实现技工贸收入 184 亿元，地均经济产出处于全国国家级高新区前列，

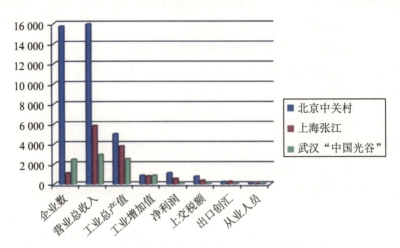

图32　三个国家自主创新示范区主要经济指标比较

武汉东湖高新区的地均产出与北京中关村和上海张江相比，甚至与深圳、天津、广州的高新区相比，均有显著差距。

其三，技术创新能力和整体实力还存在明显差距。

武汉东湖高新区所拥有的技术引进、吸收和开发能力、自主知识产权的先进技术能级、产业集聚能力等与其他高新区相比还存在差距。仅以电子及通信设备产业为例，上海张江、北京中关村和成都高新区都已经形成了相当规模的产业集聚和技术升级。如上海张江以晶圆制造业、芯片设计为龙头，建立了完整产业链，集成电路产业居全国半壁江山；从技术能级上看，仅5年时间，与全球先进水平的差距就从三代以上缩小到一代，形成了3G手机双模射频芯片、CMOS TD-SCDMA射频芯片组等一批国际先进的创新成果。北京中关村芯片设计产业销售收入占到全国的1/3，自主研制的芯片制造关键装备刻蚀机和离子注入机达到国际主流水平并投入商业化应用。而武汉东湖高新区的创新能力和创新水平仍处于劣势。据2011年12月发布的"中国城市创新创业环境排行榜"，在人均GDP排名前100的地级以上城市（不包括直辖市）中，武汉市的"研发环境"（从研发投入和创新成果两个方面测度）列第9位，落后于深圳、苏州、西安、无锡、杭州、南京、成都和宁波，武汉市的"创新知名度"未进入前十位。

其四，科技经费支出与企业科技投入还存在差距。

目前，国家高新区企业研发投入占区内生产总值的比重为8.7%，远高于全国平均水平（1.4%）和发达国家平均水平（美国2.6%，芬兰3.5%，日本3.2%，韩国3.0%）。一方面，东湖高新区的科技支出尽管高于平均水平，但是目前尚未进入全国前五之列（我国科技经费支出前五位的高新区分别是北京中关村、上海张江高新区、深圳高新区、西安高新区、成都高新区）；另一方面，国家高新区的企业研发投入强度逐步增大，创新驱动正在取代要素驱动，而东湖高新区的企业研发投入也未进入全国前五，与先进地区还存在差距。

进一步推进"中国光谷"发展的政策建议

第一，建议提出"立足中部，定位高端，辐射全国，面向国际"的发展规划。"中国光谷"武汉东湖高新区不仅是湖北省、武汉市推进创新驱动发展的重要支点，更是我国中部腹地唯一的国家自主创新示范区，是我国建立国家创新体系的重要轴心。因此，"中国光谷"的建设应该成为湖北"黄金十年"创新驱动发展的新动力，还应该承载推进国家自主创新、建立创新型国家的重要使命。目前，北京中关村和上海张江均已经提出服务全国、面向国际市场的宏大目标，"中国光谷"不能满足于"与省内高新区共建产业园"等区域性发展目标，应该尽早制定更加具有宏观战略性和前瞻性的"立足中部，定位高端，辐射全国，面向国际"的发展规划。

第二，建议推动"大光谷"规划，实现人才、科技、金融三大创新要素的高度聚集。"中国光谷"与中关村和张江相比，具有明显的占地宽广、发展腹地深远的优势，但是目前的劣势也十分明显，地均产值、人均产值、高新技术产值占比、自主知识产权拥有量、知名外资企业数目、外向型程度等都明显低于中关村和张江。张江高新区尽管目前占地面积仅为中关村的1/6，武汉东湖高新区的1/10，但是产值却达到中关村的1/2以上。而且张江正在谋划"一区12园"的"大张江"发展战略，在超过290平方公里的"大张江"概念下布局，将许多流失在张江主园区之外的创新要素资源（包括资金、技术、人才、科研力量、融资渠道等）纳入张江规划范畴，甚至已经将上海交大、中科院应用物理研究所等院所的创新实验室引进园区，有效地突破了既有地域的约束。中关村的"1区16园"格局也基本覆盖了北京市所有高新园区。

为此建议，"中国光谷"应有效实施"一区多园"的发展规划，不仅要强调"光"的内涵（光电子产业集群），更要强调"谷"的内涵，即实现"人才、科技、金融三大创新要素的聚集"，建设"大光谷"。以在鄂的全国重点大学、国家重点实验室、研究院所为基础，聚集全国各地的高层次研究人才资源，以知识产权交易平台、创业创新孵化机制为载体，构造全国有核心竞争力的科技中心。

第三，建议推动"国家自主创新示范区高峰论坛"和"国家自主创新示范区博览会"，建立三区联动的机制。目前3个国家自主创新示范区之间还缺乏常规性的沟通和交流机制，三区的人才、资金、技术、产品、市场等资源缺乏互补或互通，这不利于国家自主创新体系的整体发展，也不利于东湖高新区竞争力的进一步提升。因此，可以在三区轮流举办"国家自主创新示范区高峰论坛"和"国家自主创新示范区博览会"，达到"扬长避短，优势互补，联动辐射，要素流动，整体提升"的目的。

第四，建议将金融创新与技术创新结合，全面改善创新创业金融环境。在日前发布的"中国城市创新创业环境排行榜"中，除直辖市之外，武汉市创新创业的金融环境（从企业融资和金融服务两个方面测度）排名第八，落后于深圳、杭州、广州、成都、宁波、西安和南京。我们建议，认真借鉴采纳中关村和张江的一些金融创新政策，进一步扶持中小企业的创新创业，优化金融环境。例如借鉴浦发银行上海分行的"银元宝"模式、中国银行上海市分行的"中银信贷工厂"模式，以及交通银行上海市分行的"园区模式"等，在东湖高新区推出"企业易贷通"、"科技型中小企业信托平台"、"携手通"等多种中小企业金融产品，为园区中小企业提供综合金融服务。

第五，建议开辟"东湖科学城"，实现创业与基础科学研究并重、并举的综合发展。我国自主创新能力目前的问题，主要根源在于基础科学研究创新能力不足。世界上成功的高新产业园区的发展都是与相应的科学园的发展密切联系的。比如我国台湾地区新竹科学工业园将"工业园"与"科学园"规划有机整合，成为全球半导体制造业最密集的地方之一。日本筑波科学城更是以高等教育和基础科研见长。筑波科学城先后有3人获得诺贝尔化学奖，获奖者全部集中在筑波大学。目前，中关村科学城建设已取得初步成果：创新了工作机制，建立了责任明确、协调有力、长效运作的项目联合调度机制，形成央校、央所、央企等各方力量协同建设科学城的积极态势；加强规划引领和政策推动，发布了《中关村科学城发展规划（2011—2015）》，进一步明确了科学城发展定位、创新任务和实现路径。雄厚的基础科学研究能力是持续支柱创新的保障，因此，建议尽快开辟"东湖科学园"，制定出台《武汉东湖科学城发展规划》和相关法律保障文件。

第六，推动武汉东湖高新区管理模式的创新。目前世界上高新区的管理模式主要有四种：政府主导型、公司化经营型、中介促进型和市场发育型。实践证明，公司化经营或中介促进对于大规模的高新产业园区已经不适合，政府主导的管理模式中短期能够较快地积聚资源，实施规划，但是在长期必须要与市场发育相结合，才能有持久的竞争力和生命力。

"中国光谷"与中关村和张江相比，在政府政策优惠层面有一些劣势，在市场发育层面劣势也很明显。市场发育的差距不一定是由于地域位置或是否中央直辖，世界上许多成功的高新产业园区都不在传统的政治或经济中心，例如美国的硅谷、印度的班加罗尔、日本的筑波、韩国的大德等等。因此，建议在"中国光谷"一方面用好用活国家自主创新示范区各项政策，大胆先行先试；另一方面要注重市场培育、市场拓展、市场秩序和诚信体系的建立，常态化地落实"产业第一，企业家老大"的建设理念，在与国际接轨的标准下，制定和实施各项制度，全面推进市场的国际化、规范化，为国内外各类企业提供最适于成长和发展的市场环境，这样才能真正打造具有强大的竞争力、凝聚力，国内一流、国际知名的自主创新园区。

总之，要实施创新驱动发展战略，就是"要坚持走中国特色自主创新道路，以全球视野谋划和推动创新，提高原始创新、集成创新和引进消化吸收再创新能力，更加注重协同创新"。十八大报告中提出的这"四个创新"高度概括了我国自主创新道路的特色和可行路径。目前我国多数产业和企业只限于简单的引进吸收型技术创新，这与我国经济发展现阶段的要求、与提升我国制造业国际竞争力的要求相差甚远，因此，必须大力推进"产、学、研、金、政"深度合作，强调协同创新的重要性，形成一批具有自主知识产权的核心技术和产品，努力夯实我国产业和企业的技术实力与竞争力。

增强创新驱动发展新动力，建设"创新湖北"是湖北发展阶段的必然要求。湖北目前已经形成良好的增长势头，已经具备优良的创新资源、创新潜力，有条件和能力打造"中国光谷"的名片。但是也应该清醒地认识到，湖北进一步发展要迈入高收入水平阶段非常不易，唯有创新能够推动湖北在跨越之路上不断前行。我们认为，非常之时要有非常之为，湖北必须充分借鉴先进国家和沿海发达省份的成功之路，将创新作为经济发展的主动力，将创新驱动发展作为面向未来的一项重大战略，一以贯之，长期坚持，使经济社会发展水平在"黄金十年"得到大幅度的跃升。

构建现代产业发展新体系：
从"制造大省"迈向"制造强省"

世界经济强国和国内发达地区发展规律表明，当经济发展进入"中等收入水平"阶段之后，先进制造业的快速发展构成各个国家和地区经济实力的支柱，是实现经济腾飞的最佳切入点和突破口，抓住了先进制造业，就抓住了现代经济社会发展的关键。

2010年初以来，中央一直强调加快转变经济发展方式。转变经济发展方式就是要把盲目追求GDP扩张转变为更加注重优化经济结构，提高经济效益和经济增长的质量；把见物不见人的旧发展观转变为以人为本、更加注重不断提高人民群众的物质文化生活水平、让广大人民群众参与经济发展过程、分享经济发展成果、切实维护最广大人民群众的根本利益的科学发展观。具体到产业的发展方面，加快转变经济发展方式，就是要构建现代产业发展的新体系，加快改造高投入、高消耗、高污染、低附加价值、低效率的传统制造业，转变到发展低投入、低消耗、低污染、高附加价值、高效率的先进制造业的道路上来。

新中国成立之初，湖北在全国制造业发展进程中曾经走在全国前列；改革开放以来，由于技术落后、产品老化，湖北工业的实力一度退居中游，被沿海省份赶超。湖北工业不够强大，导致了农业现代化的步伐缓慢，科技成果转化的步伐缓慢。湖北是全国重要的农产品生产基地，但农产品"多而不优"，农业生产现代化水平不高、效益不高的问题突出。湖北科技创新综合实力雄厚，但科研成果转化率不高。湖北要素富集，但未能充分转化为现实生产力。总而言之，湖北是制造业大省，不是制造业强省；是农业大省，不是农业强省；是科教大省，不是科教强省。"大而不强"是当今湖北最大的阶段性特征，是必须着力解决的主要矛盾。

湖北发展先进制造业，进而推动工业化、城镇化和农业现代化"三化"并举，具有非常独特的发展条件：

其一，湖北制造业基础条件比较雄厚。根据湖北省第一次经济普查资料，湖北制造业总量规模居全国第12位，其中交通运输设备制造业居第5位，钢铁、纺织、医药制造、金属制品业、通用设备制造业均居第8位。

其二，湖北经济增长中制造业作为"增长发动机"的作用比较显著。近年来，湖北规模以上工业企业产值的增长速度持续高于全省GDP的增长速度，发挥了较强的拉动作用。

其三，门类齐全。湖北省制造业涵盖了整个制造业30个大类，形成了较为完备的制造业体系，以汽车、钢铁、化学原料制造、烟草、纺织、建材、农产品加工业和通用设备制造业为主体的8个产业集群实现增加值占全省制造业的68.1%。

其四，行业集中度较高。钢铁、汽车、烟草、造纸、通用设备制造、专用设备制造等主导产业的集中度均较高，规模效应显现，大型企业成为制造业发展的领头雁，改变了过去"山多峰小"的状况。

其五，与现阶段居民消费结构升级形成联动和持续效应，出现了食品制造、化学原料制造、通用设备制造、印刷业、工艺品制造等高成长行业。

然而，与发达国家和沿海发达省份相比，湖北现阶段的制造业发展还存在许多不足，制约了湖北制造业做大做强。

首先，湖北制造业的附加值率低，产业链条短，高附加值产品所带来的经济效益不够。湖北省大部分制造企业处于价值分配链条的附属地位，产品结构存在着结构性短缺，总体上依然是一般产品、中低档产品、初级产品多，优质产品、高技术含量、高附加值的产品少。企业配套协作少，分工协作程度低，大中小企业之间尚未形成合理的专业化与分工协作关系。

其次，湖北制造业的可持续发展能力不强，绿色制造水平偏低。根据湖北省第一次经济普查的数据，2004 年湖北省制造业每生产 1 亿元工业产值排放 1.7 亿标立方米工业废气，产生 0.8 万吨工业固体废物，这些指标均高于发达国家标准几倍，甚至十几倍，耗水量是世界先进水平的 2.7 倍，工业用水重复利用率仅为 38.4%。环保设备制造厂家只有 19 家，资产不过 8 亿元，实现增加值为 1.75 亿元，占专用设备制造业、全省工业的比重分别仅为 7.8% 和 0.1%。

再次，湖北制造业的创新能力不足，拥有核心技术和自主知识产权的强势产业和企业数目不多。湖北省多数制造企业缺乏原创技术，大部分技术及关键设备依赖进口，且基本停留在仿制的低层次阶段，研究开发费用投入不足。根据湖北省第一次经济普查的数据，2004 年在科技活动经费投入中，代表企业自主创新能力的研究与开发（R&D）经费为 25.32 亿元，投入强度仅为 0.54%。科研与市场衔接不理想，成果转化率低，2004 年实现新产品产值 543 亿元，仅占现价产值的 12.9%。技术装备老化，工艺落后，2004 年固定资产更新度系数为 61.7%，低于全省工业 8 个百分点。

2004 年以来，湖北制造业的创新意识和创新能力有所增强。根据湖北省第二次经济普查的数据，代表企业自主创新能力的研究与开发经费取得较快增长，2008 年达 87.25 亿元，2004—2008 年的平均增长速度为 34.9%，研究与开发经费的投入强度提高到 0.67%，略高于全国水平（0.61%）。

最后，品牌效应较弱，"湖北制造"在全国的地位下降。2004 年湖北制造业在全国的市场占有率为 4.0%，比 2000 年下降 0.9 个百分点。企业外向度较低，参与国际分工的实力较弱，2004 年完成出口交货值 231.94 亿元，仅占销售产值的 5.6%，不足全国的 1/3，且出口的产品多为初级产品。设备利用率低，大量生产能力闲置，主要工业产品有40%的生产能力利用不足。

由此可见，把握湖北发展"黄金十年"的机遇，要大力发展先进制造业，力争实现由"制造大省"向"制造强省"的重大跨越。湖北既具有非常雄厚的产业基础和充分的发展潜力，也存在许多亟待解决的问题。我们认为，湖北迈向"制造强省"应制定和实施有效的政策，提高产业整体素质，全面提高湖北主导产业的综合竞争力。

其一，遵循市场原则，在产业布局中充分发挥比较优势，构建具有长期竞争优势的先进制造业集群。这包括：一是做强主导产业集群。将汽车、钢铁和化学原料制造三大行业作为湖北省先进制造业发展的主攻目标，发挥和进一步强化它们在全国已有的竞争优势，加大技术改造力度，壮大规模，培育规模效益，延长企业的产业链，带动上游和下游的产品发展。二是做大潜在优势产业集群。发挥湖北省农业资源优势，做大农产品加工行业，打造一批年销售收入达几十亿元、百亿元的农产品加工企业。发挥既有的装备制造优势和生产能力，培育一批有一定优势的子行业，如交通运输设备制造业中的航空航天、船舶制造业；通用设备制造业中的锅炉、风机制造业；电气机械及器材制造业中的电线、输配电、电池制造业；金属制品业中的结构性金属、集装箱、金属丝绳制造业；专用设备制造业中的矿山专用设备制造业；仪器仪表制造业中通用仪器仪表制造业，等等。继续做大做强目前的"千亿元产业"（汽车、食品加工、石化、钢铁、电力、建材、纺织、通用设备制造、电子信息、有色金属制造等），争取将湖北"千亿元产业"增加到 15 个左右。

其二，坚持外向带动优势原则，通过承接沿海产业转移和引进外资，加快产业升级步伐。可以发挥湖北劳动力，特别是熟练劳动力充裕的资源优势，做优产业链下游的先进制造业，与周边及国内发达地区形成产业结构差，例如重点发展电子及通信设备制造业、信息化制造业、其他电子设备制造业等具有潜在竞争优势的新兴产业。同时，坚持重内不轻外的原则，抓住国际资本大规模进入我国的机遇，加大引资力度，创新引资手段，拓展引资途径，扩大引资规模，引进高端制造业，提高制造业附加值，在积极参与国际市场分工与合作的基础上，支持企业到国外市场上去竞争拼搏，努力培育湖北省制造业具有国际竞争优势的产业。

其三，立足湖北丰裕的科教资源，确立研发优势，形成先进制造业自主创新的原动力。加大技术创新力度，将提高技术创新能力作为区域发展的战略重点，重视研发具有自主知识产权的原创性技术，促进制造企业产业技术基础的累积和工业产品比较优势的递进。加快形成有利于技术创新和科技成果转化的管理体制与运行机制，加强大中型企业技术开发中心的建设。加大研发投入，加强产学研联合，重视前瞻性、共性、关键性技术的研发，使科研成果尽快转化为生产力。

其四，利用湖北劳动力资源优势，加快培养制造业发展所需人才，实施高技能人才培养工程。技术的引进吸收和先进制造业的发展都需要大量制造业适用的高级技术工人，因此，要鼓励企业建立和完善人才培养与激励机制，挖掘现有人才的潜力，充分发挥现有人才的作用，积极开展定向和岗位培训及适用技术培训，使企业工人从单一技能型向技能、智能复合型转变。

其五，大力发展循环经济，促进先进制造业可持续发展。不仅要更多地发展绿色产业，而且要在各个制造业中普遍开展资源节约活动，实行严格的资源消耗和污染物排放控制，促进资源集约使用、综合利用和节约使用，建设资源节约型和生态保护型社会。结合技术进步和加强企业管理，全面推行绿色生产，在产品设计、原料获取、生产制造、销售使用、废弃物处理等各个环节，努力符合环保法规和标准，推动湖北省产业发展模式从"先污染后治理型"向"全过程预防型"转变。

其六，大力发展现代物流业，努力降低制造业成本。在湖北发展现阶段，原材料、人力、运输、仓储等各项成本不断上升，传统的"低成本—低价格"优势正在削弱，因此，必须在新的发展条件下，有效地降低制造业成本，才能构造持续的竞争优势。可以适应现代经济发展的需要，在政府引导、法规建设、市场运作、项目规划、协调服务以及行业政策、行业标准、财政、银行、税收支持等诸方面对现代物流产业的发展予以扶持。整合物流资源，建立现代物流体系，引进先进的物流管理方法，利用现代信息技术，全面提升物流服务水平，加快物流信息化进程。

总之，未来十年是湖北发展的"黄金十年"。湖北已经进入了工业化、城镇化、信息化和农业现代化同时加速的关键发展时期。2011年，湖北制造业增加值占全部地区生产总值的比重超过50%，城镇化率已突破50%。未来十年打造"制造强省"，就是要坚持走新型工业化道路，即坚持以信息化带动工业化，以工业化促进信息化，工业化和信息化并举的道路；坚持走科技含量高、经济效益好、资源消耗低、环境污染少、人力资源优势能充分发挥的道路。唯此，才能不断提升湖北产业的整体素质，推动战略性的产业调整，构建现代产业发展的新体系，锻造湖北经济发展新的增长点，全方位地优化资源配置，以现代产业发展带动区域经济发展，促进湖北综合竞争力不断提高。

实现"国民收入倍增计划":
建立扩大消费需求的长效机制

2012 年,湖北 GDP 已经越过 2 万亿元,人均 GDP 已经突破 6 000 美元,湖北经济发展正处在中等偏高收入水平阶段。世界各国和我国发达省份的发展经验表明,人均 GDP 在 3 000 ~ 10 000 美元的阶段,既是加快发展、爬坡过坎的关键阶段,又是人民群众对提高生活水平和质量的预期明显增强、居民消费结构迅速提升的阶段。这一时期,随着社会财富"蛋糕"越做越大,中等收入阶层比重不断提高,城市化进程加快,城乡居民消费需求不仅在数量上扩大,而且在结构上出现加快升级的趋势,广大民众不仅参与经济发展的过程,而且要求从各个方面分享经济发展的成果,包括收入提高、社会保障、社会福利、社会公平、社会安全、生态环境等一系列的"幸福要素"。

回应广大民众的"幸福追求"的一个关键就是在经济增长的同时,不断提高居民收入水平,实现"国民收入倍增计划"。

"他山之石,可以攻玉。"日本 1960 年代实施"国民收入倍增计划"的一些经验值得借鉴。早在 1950 年代末期,日本也曾经出现目前许多中等收入国家出现的困境,例如经济存在双重结构,过度依赖投资带动经济增长,人口红利即将结束,急需转变经济增长方式,产业结构面临调整,人均国民收入不高和消费需求不足等。为了解决经济发展的难题,日本政府推出了著名的"国民收入倍增计划",即在一个相对确定、较短的时期内,通过提高国民经济各部门生产效率和效益、显著提升居民实际收入水平、建立健全政府收入分配和社会保障机制等方式,实现居民收入翻番目标的经济社会发展方案。日本实现国民生产总值翻番大约用了 6 年时间,实际 GDP 翻番和人均实际国民收入翻番大约用了 8 年时间,同时大大缩小了与美国的差距,实现了向高收入水平国家的跨越。

不断提高城乡居民收入水平也是湖北实现长期可持续经济发展的内在要求。正如我们已经分析的,湖北现阶段的城镇居民可支配收入、农村居民纯收入及其增长率不仅比东部发达省份低,而且比一些西部省份低,也低于全国居民收入的平均数和中位数。这与湖北现阶段经济增长的势头、与湖北 GDP 水平在全国所达到的位次都是不相符的。同时,湖北经济增长过多地倚重投资增长,消费需求的增长相对较慢。2007—2012 年，湖北全社会固定资产投资年均增长率超过 30%，最高的年份高达 41.6%，而全社会消费零售总额年均增幅约为 11.5%。在 2012 年，湖北省投资对经济增长的贡献度高达 67%，而消费需求对经济增长的贡献度相形见绌。因此，在湖北未来的经济发展中，必须采取有效措施提高消费需求，尤其是提高居民消费需求，构筑长期经济增长的要素基础。

改革开放以来，随着经济的发展，湖北省最终消费的绝对额在不断上升，但不论是最终消费率（最终消费占支出法 GDP 的比重）还是居民消费率（居民消费占支出法 GDP 比重），都在不断下降，一直徘徊在较低的水平上。

1990 年代以来，世界平均的最终消费率为 78%～79%，2010 年全国最终消费率为 56%，而湖北仅为 45.7%。我国的最终消费率大大低于世界水平，而湖北省的最终消费率不但低于全国的平均水平，与世界平均水平相比差距更大。在最终消费中，占主要方面的居民消费所占比重不断下降。1996 年湖北省居民消费所占比重为 84.4%，到 2002 年则降为 79.2%。居民消费率也是持续走低，1996 年湖北省居民消费率为 47.4%，到 2008 年下降到 30.3%，比全国平均水平低 5 个百分点。在全部居民消费中，农村居民的消费占全部居民消费的比重也呈下降趋势，1996年时该比重接近 50%，目前已经降到 40% 以下。

要建立扩大消费需求的长效机制，关键是要持续地提高其中占主要比重的居民消费需求。居民消费的主体是普通老百姓，政府不可能也不应该进行直接的干预，只能想方设法间接地影响它，拉动它。

具体来说，居民消费的主要影响因素包括消费能力和消费意愿两个方面，其中，消费能力主要取决于收入水平及收入结构，一般来讲，人均收入水平越高，收入均等化程度越高，消费需求就越高。消费意愿则主要取决于人们对未来的预期以及供给结构，未来的不确定性越大，人们就越不敢消费，而倾向于多储蓄。

当前湖北省居民消费水平偏低的原因，一方面是由于人均收入水平偏低，结构不合理，劳动收入尤其偏低；另一方面则是由于城乡居民收入差距较大，社会公共服务和社会保障能力还不够强，以致居民消费意愿不够强。因此，要扩大居民消费需求，建立扩大消费需求的长效机制，必须立足于以上两个方面的问题，制定和实施有效的收入分配政策。

第一，调整初次收入分配结构，逐步向劳动者报酬倾斜。

多年以来，湖北省居民可支配收入增长速度长期低于 GDP 增长速度和地方财政收入的增长速度。究其原因，在于初次收入分配中劳动报酬所占比例较低且逐年下降。工资收入在 GDP 中的比重在经济学中被称为"分配率"。1990 年代以来，世界上主要发达国家分配率水平为 54% ~ 65%（例如日本在 1999 年的分配率为 54.18%，美国在 2000 年为 58.31%，德国在 2000 年为 53.84%，英国在 2000 年为 55.27%）；南美洲国家平均为 38% 左右，东南亚国家平均是 28%，中东地区平均大约在 25%，非洲国家平均在 20% 以下。我国分配率一直偏低，最高为 1981 年（17.1%），最低为 1998 年（11.7%），近年来一直为 12% 左右。从地区比较上看，北京的分配率较高，为 30%，而湖北省仅为 9.63%，在各省中排名倒数第六。

因此，要进一步扩大居民消费需求，就必须彻底改变这一现状，使广大老百姓从国家和地区经济高速增长中真正得到实惠。建议继续调整国民收入初次分配结构，使收入分配向劳动者倾斜。具体来说，首先应将经济增长和职工收益密切挂钩，建立健全不同部门、行业和地区职工工资增长与经济增长保持大体同步的机制，将两者的增长关系作为地方政府政绩考核指标之一，其次应该逐步降低政府税收占国民收入的比重。

第二，扩大就业规模，创造就业机会，提高居民收入水平。

促进就业规模的扩大是实现居民收入增长和缩小收入差距的可靠保证。首先，应加快非公有制经济的发展，通过调整产业结构和大力发展现代服务业，为中低收入的劳动者创造更多就业机会。其次，应采取灵活的财政、金融、税收等政策，将加快劳动力转移与大力推进全民创业活动有机结合起来。再次，采取更加积极的就业政策，通过改善商业环境，鼓励和便利私营经济、中小企业的发展，为中低收入者提供平等的创业机会。最后，应在全社会营造"人人关心就业"的良好氛围，促使失业人员转变就业观念，提高专业技能，以创业带动就业，积极参与就业。

第三，建立健全相对稳定的工资收入增长机制。

湖北省居民收入的 70% 左右来自于工资收入，工资水平的高低对于居民消费需求的大小密切相关。具体来说，一是要完善最低工资增长机制，严格按政策实施到位；二是要改进和完善企业工资决定机制，建立工资协商机制和工资支付保障机制，建立工资与物价指数挂钩的调节机制，确保劳动收入上涨跑赢物价上涨；三是重点改进对国有企业工资总量的管理，用工资预算管理手段逐步取代现行的工效挂钩办法；四是要正确贯彻落实事业单位绩效工资改革；五是与经济增长水平和物价指数挂钩，适时滚动地提高城乡低保水平和最低工资标准。

第四，缩小城乡之间、城市间、农村各地间居民可支配收入水平的差距，提高居民整体消费倾向。

收入差距悬殊不仅会对经济稳定和社会安定产生不良影响，同时也会降低社会消费倾向，不利于居民消费需求的扩大。为改变湖北省城乡之间、城市间、农村各

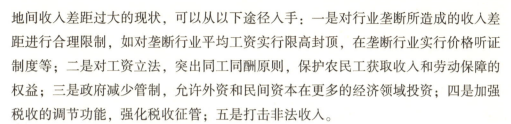

地间收入差距过大的现状，可以从以下途径入手：一是对行业垄断所造成的收入差距进行合理限制，如对垄断行业平均工资实行限高封顶，在垄断行业实行价格听证制度等；二是对工资立法，突出同工同酬原则，保护农民工获取收入和劳动保障的权益；三是政府减少管制，允许外资和民间资本在更多的经济领域投资；四是加强税收的调节功能，强化税收征管；五是打击非法收入。

第五，加快农村居民消费升级的步伐。

目前湖北农村居民消费水平与城市居民之间的差距依然较大，近年来已经实现了农村居民收入增长快于城市居民，未来十年是促进农村居民消费升级的关键时期。可以从以下途径入手，加快农村居民消费升级的步伐：

一是鼓励和扶持农民改善住房条件，可为有新建和翻新住房意愿的农村居民提供必要的物质和资金支持，建立新居专项基金，为农民提供低息或无息贷款，并延长贷款年限，还可按需建住房面积或需翻新住房面积给困难农户直接补贴。

二是积极抓住农村住房条件改善后派生的家电、通信等消费升级的机遇，培育农村地区的家用电器、家用电脑和网络通信等市场。

三是允许农民利用农村的宅基地到城市置换廉租房或换社保，鼓励进城农民和有条件的农民在城市购买商品房，提高他们在城市的长期置业意愿，带动相关消费的增长。

第六，完善城乡全覆盖的社会保障体系，提高居民未来收入预期和消费意愿。

提高公共品供给水平和提供社会保障，能够解决居民对于居住、医疗、养老、子女教育等大项支出的不确定性，提高居民对于未来收入的预期，从而适当降低储蓄，增加消费意愿。为此，可采取的措施有：

一是提供各种物质基础设施和社会基础设施，提供"无空间差异"的基本公共品服务，包括基础教育、基本医疗、基本社会保障等，为中低收入劳动者提供平等的学习和积累技能的机会。

二是通过更多地投入教育、健康医疗等社会服务，消除教育和健康的不平等，提高社会流动性，使穷人和低收入群体具有更强的抵御风险、创造收入、积累财富的能力。

三是建立社会救助和保障标准与物价上涨挂钩的联动机制，不断扩大社会保障覆盖范围，把更多农村低收入人口纳入扶贫范围。

四是建立定向的财政专项基金，对中低收入家庭提供子女就学、大病就医等专项补贴。

五是完善保障住房的供给体系。

六是建立城乡全覆盖的社会保障体系，提高居民可支配收入。

总之，湖北省居民消费的规模和增速还处于一个相对较低的水平，具有很大的挖掘潜力和增长空间。在当前形势下，扩大居民消费对于保持湖北省经济的持续稳定增长有着重要的意义，同时对解决产能过剩、经济结构不合理等问题也有重要的影响。因此，在湖北经济发展现阶段，在持续推进经济增长的同时，要较大幅度地提高劳动收入，着力提高中低收入者的收入，提高城乡居民可支配收入，努力形成"橄榄型"的收入分配格局。这样才能为"幸福湖北"的建设奠定坚实的物质基础，才能真正建立扩大消费需求的长效机制。

推动一元多层次发展规划：
从"一枝独秀"到"满园春色"

湖北经济发展的区域布局与其他省份非常不同，武汉市一直是整个湖北经济唯一的、重要的支撑，最近 10 年，武汉市 GDP 在全省 GDP 的占比超过 33%，最高达 36%（2012 年）。

根据 2012 年全国统计核算数据，2011 年广东 GDP 超过 1 千亿元的城市共有 15 个，超过 2 千亿元的城市有 7 个，超过 1 万亿元的城市有 2 个；江苏 GDP 超过 1 千亿元的城市共有 13 个，超过 2 千亿元的城市有 10 个，超过 1 万亿元的城市有 1 个。而 2011 年湖北 GDP 超过 1 千亿元的城市只有 5 个，超过 2 千亿元的城市仅 3 个。另据 2012 年发布的全国百强县名单（以 2011 年核算 GDP 为准），江苏省有 20 个县（市）入围，并且在该榜单的前十强中占据 7 个席位，包括该榜单的前 4 位；广东省有 6 个县（市）入围，而湖北仅仙桃市入围（排在第 97 位）。这表明，湖北不仅在发展各类城市（特别是中小城市）经济方面明显不如广东和江苏，在发展农村县域经济方面也明显不如广东和江苏。

表 21、图 33 将湖北 2011 年 GDP 超过 500 亿元的 11 个城市列示出来，与广东、江苏排在前 11 位的城市相比。结果表明，湖北这些城市创造的 GDP 占全省 GDP 的 91.69%，而广东与江苏的对应数值分别为 90.20% 和 95.26%，湖北这些城市创造的 GDP 总值大约相当于对应的广东各城市 GDP 水平的 37.4%，相当于对应的江苏各城市 GDP 水平的 38.4%。可见，湖北经济发展中武汉"一枝独秀"的格局在区域发展格局上是失衡的，湖北省经济发展水平与广东、江苏的差距绝不仅

是武汉与广州、苏州的差距，更体现在湖北各级各类城市与对应的广东、江苏的城市之间的差距。

表21		2011 年湖北、广东、江苏主要城市 GDP 对比		金额单位：亿元	
湖北		广东		江苏	
武汉	6 756	广州	12 423.44	苏州	10 716.99
宜昌	2 141	深圳	11 505.53	无锡	6 880.15
襄阳	2 132	佛山	6 210.23	南京	6 145.52
黄冈	1 045	东莞	4 735.39	南通	4 080.22
荆州	1 043	中山	2 193.2	常州	3 580.99
孝感	958.2	顺德	2 153.9	徐州	3 551.65
荆门	942.6	惠州	2 093.08	盐城	2 771.33
黄石	925.9	江门	1 830.64	扬州	2 630.30
十堰	851.3	茂名	1 745.31	泰州	2 422.61
咸宁	652.1	湛江	1 700.23	镇江	2 311.45
随州	518	珠海	1 404.93	淮安	1 690.00
总计	17 965.1	总计	47 995.88	总计	46 781.21
全省	19 594	全省	53 210.28	全省	49 110.27
在全省占比	91.69%	在全省占比	90.20%	在全省占比	95.26%

数据来源：《湖北统计年鉴》、《广东统计年鉴》、《江苏统计年鉴》。

2012 年，湖北中小型城市的发展取得了一定突破，GDP 超过 1 千亿元的城市已经增加到 8 个，大冶市也迈进全国县域经济百强，实现了湖北在县域经济发展上的新突破。湖北要在未来"黄金十年"推进快速均衡的发展，就必须在推进特大城市武汉进一步发展的同时，有效和有序地发展中小城市，积极发展县域经济，形成"满园春色"的繁荣格局。

当前，湖北省委明确提出"把构建战略支点作为湖北经济社会发展的总目标、总任务，以构建战略支点为旗帜统领各项发展战略"，由此形成了一元多层次的战略体系（参见图34）。其中，构建中部战略支点是当前湖北最高战略和目标，谓之"一元"；而其他各项区域发展战略都统领于"一元"之下，并分为不同层次。一元多层次的战略体系的规划和实施对于湖北未来"黄金十年"的发展路径具有十分重要的意义。

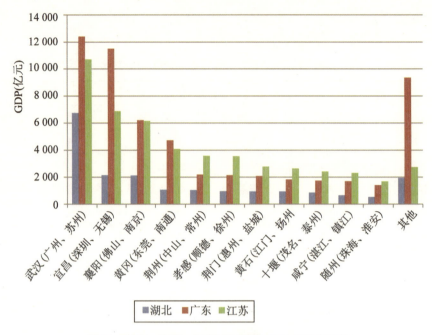

图33　湖北、广东、江苏主要城市 GDP 的对应比较

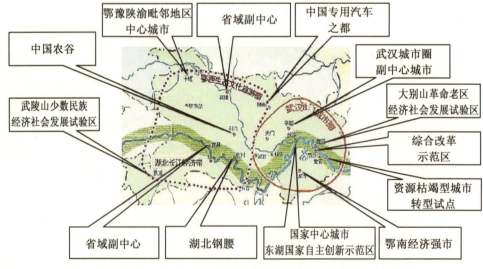

图34　湖北"一元多层次发展战略体系"规划

资料来源:《湖北日报》2012 年 6 月 9 日。

其一是"两圈一带"发展战略。"两圈"是指"武汉城市圈"和"鄂西生态文化旅游圈"，"一带"则是指"长江经济带"。要推动湖北经济发展再上台阶，必须继续舞好武汉这个"龙头"，发挥武汉对于城市圈 8 个中小城市的带动和辐射作用。湖北确立了"先行先试，敢为人先，大胆突破，宽容失败"的改革理念，以基础设施、产业发展与布局、区域市场、城乡统筹、环境保护与生态建设五个一体化为标志，全面推进武汉开发区和东湖国家自主创新示范区在其他 8 个城市设立"园外园"，有序促进产业转移、资源流动和市场整合。武汉城市圈是全国"两型社会"综合配套改革试验区，也是湖北推进经济改革与发展的前沿和示范区。

其二是"四基地一枢纽"发展战略。所谓"四基地一枢纽"战略，即把湖北建成中部乃至全国重要的先进制造业基地、高新技术产业基地、优质农产品生产加工基地、现代物流基地和综合交通运输枢纽。"四基地一枢纽"充分利用湖北的资源优势和产业基础，互相依托，互相联系，互相促进，构成支撑战略支点的功能内容和产业内涵。

其三是"一主两副"发展战略。所谓"一主两副"，是突出国家中心城市武汉与两个省级副中心城市宜昌和襄阳之间的联动关系。1990 年代曾经设想把武汉、宜昌和襄阳作为湖北发展"金三角"，但是"一主两副"战略较之更进了一步，即不仅确立了"三极"，还明确了武汉与襄阳、宜昌之间的主副关系。武汉必须首先带动襄阳、宜昌发展，而两市在接受武汉辐射的同时还要放大能量，与周边地区分别形成"襄十随"城市群、"宜荆荆"城市群，与武汉城市圈一道形成"三群"带动全省发展的格局。这可以概括为："一主"带"两副"，"三极"建"三群"，"三群"带全省，全省建支点。因此，"一主两副"中心城市带动战略是覆盖省域的大战略，而不能仅仅视为三个市的发展战略。

其四是"一红一绿"两个试验区建设。2011 年初，湖北武陵山少数民族经济社会发展试验区和大别山革命老区经济社会发展试验区"一红一绿"两个试验区的建设同时启动，成为推进湖北县域经济新发展的重要引擎。在湖北东部的大别山革命老区试验区，团风县全力打造我国中部地区最大的钢结构产业基地，英山县引进世界最大的茶商天福集团打造茶叶产业链，李时珍故里蕲春则建立国际医药港，兴建医药加工、生物制药、药品包装和物流等产业集群。在湖北西南的武陵山少数民族试验区则向绿色生态求富强，初步形成了烟、茶、畜、果、药、菜等六大农业支柱产业。

其五是开发一系列的发展平台，覆盖省内各个不同区域，形成"多点开花"的局面。其中包括鄂州综合改革示范工作，将鄂州定位为改革先行区、创新密集区、"两型"展示区、同城化引领区；荆州"壮腰工程"，推动长江经济带建设；仙洪新农村试验区建设；资源枯竭型城市（黄石、大冶、潜江、钟祥）转型试点；山区脱贫奔小康试点（包括保康、五峰、丹江口、大悟、英山、通山和鹤峰等7个山区县市）等。

其六是强调湖北经济发展的外联效应。如"一红一绿"中，大别山试验区与安徽、河南对接，武陵山试验区与湖南、重庆对接。武汉城市圈正与长株潭城市群、环鄱阳湖城市群线型"三圈融合"，共建长江中游城市集群，更体现了开放性、外联性。以长江中游城市集群为核心的"中三角"发展框架初现格局，湖北、湖南和江西三省在经济、贸易、旅游、交通、农业、技术、环境保护等众多领域展开合作，这不仅可以大大提升湖北经济发展的辐射能力，进一步夯实湖北作为中部崛起战略支点的地位，而且"中三角"的整体崛起对于我国区域经济的布局都将产生深远影响。

从资源优势到竞争优势："中国农谷"大有可为

湖北历来是我国的农业大省，具有优良的发展农业生产的各种资源条件。2004—2012年，湖北实现了粮食生产"九连增"，早稻、中稻、夏粮、夏油、水产、果蔬、茶叶等多项农产品的产量连续位居全国前列。但是，湖北要由"农业大省"进一步发展成"农业强省"，就必须采取非常举措，大力突出湖北的农业发展特色，实现"人无我有，人有我优"，打造可持续的农业经济发展竞争优势。

湖北目前进一步推进农业发展还存在许多约束因素：

一是农业生产成本大幅上升，传统的农业优势削弱。随着农业生产资料价格上涨，种养成本大幅上升，在很大程度上冲抵了农产品价格上涨所带来的收益，成为农民增收的制约因素。

二是农业发展的资源、环境承载力减弱。从耕地上看，目前湖北人均耕地面积1.16亩，低于全国1.41亩的人均水平；从水土保持看，全省水土流失面积占全省面积的32.7%；从农业环境看，工业"三废"污染日益加重，而且近年来极端天气和自然灾害增多，影响了农业资源质量。

三是农村劳动力不足问题突出，"70后不愿种田，80后不会种田，90后不谈种田"现象比较普遍。

四是农业发展基础设施依然薄弱。目前湖北全省农业有效灌溉面积仅占全省耕地面积的 65%，灌溉用水平均利用系数仅为 0.43。

五是农业科技支撑作用偏弱。尽管湖北农业科研力量较强，但是农业科技成果转化利用率不到 30%，与发达省份差距明显。

基于湖北的资源条件、科教优势、区位优势等，建设全国农业强省是湖北多年来追求的目标。中央对于湖北建设农业强省提出了具体要求。2011 年 5 月 31 日至 6 月 3 日，以胡锦涛总书记在湖北考察为标志，湖北建设农业强省进入到关键时期。胡锦涛总书记明确指出："湖北农业资源丰富，自古就有'湖广熟，天下足'的美誉，湖北要发挥资源优势，加快农业农村发展，推进农业强省建设，在提升粮食生产能力上获得新进展，在转变农业发展方式上寻求新突破，在发展现代农业上取得新成效，在促进农民增收上开辟新途径，在建设社会主义新农村上迈出新步伐，不断开创'三农'工作新局面。"对于湖北农业农村建设这六个"新"的要求，概括了湖北未来"黄金十年"农业发展的总体规划。

以"中国农谷"为核心的湖北农业农村发展战略，是未来"黄金十年"中湖北打造农业强省建设的一张王牌。"中国农谷"的概念是在编制《屈家岭现代农业示范区建设总体规划》时作为区域经济发展概念提出的。2011 年 7 月 18 日，《湖北日报》第三版刊发经济视点报道《沸腾的"农谷"——荆门屈家岭打造中国农谷观察》，省委书记李鸿忠作出重要批示。2012 年省委省政府在荆门召开支持"中国农谷"建设现场办公会，明确提出"中国农谷"建设为省级战略，省委省政府进一步出台了《关于支持荆门市加快创建中国农谷的意见》（鄂发〔2012〕5 号），进一步明确了中国农谷建设的指导思想、基本原则、建设目标、主要任务、政策措施。

"中国农谷"的建设具有得天独厚的优势和条件：

一是农业自然基础优越。荆门属亚热带湿润大陆季风气候，气候温和，雨量充沛，日照充足，无霜期长，四季分明。

二是农耕文明历史积淀深厚。境内的屈家岭文化遗址距今已有五千多年的历史，是世界上最早发现稻作遗存的地区，出土了"中国第一粒稻谷"化石，是我国农耕文化发源地。

三是地理区位优势突出。"中国农谷"核心区屈家岭位于荆门市东南，东距武汉 128 公里，至随州 120 公里，西至宜昌 198 公里，南达荆州 120 公里，距离周边的钟祥、沙洋、京山、天门等均在 30 公里以内，公路水运交通便捷，放眼四野，纵横绵延的江汉平原可谓"沃野千里"。

四是三农发展水平全省领先。农业机械总动力和主要农作物耕种收综合机械化水平位居全省第一；2011年全省三农发展综合考评，区域内的钟祥、沙洋、京山三县市分别名列第2名、第5名、第6名；全市农民人均纯收入达到8 248元，居全省第二，增幅连续3年高于城镇居民人均可支配收入。

五是三农发展特色全国突出。荆门是全国重要的优质粮、棉、油生产加工基地，也是国家农机化示范区、国家现代林业示范市、国家生态示范市、国家现代农业示范区；区域内云集了中粮、雨润、汇源等一批世界500强、中国500强企业，培育了国宝桥米、宝源木业、洪森天利等一批农业产业化龙头企业；无公害农产品、绿色食品、有机食品品牌达到349个，其中包括4个中国名牌产品或中国驰名商标。

建设"中国农谷"是湖北新农村建设的重要试验平台，对于湖北全省农业强省的建设具有标志性作用。湖北现在有7个新农村建设试验平台，即仙洪试验区、鄂州等市县城乡一体化试点、7个贫困山区县整体脱贫奔小康、88个乡镇整体新农村建设试点、竹房城镇带、大别山革命老区经济社会发展试验区和武陵山少数民族地区经济社会发展试验区。上述各类试验平台已经涵盖全省38%的乡镇。目前湖北省决定举全省之力支持"中国农谷"建设，通过未来十年的快速发展，"中国农谷"携其全方位的发展优势，成为湖北转变农业发展方式的前沿阵地。

"中国农谷"立足于"农"，但是不唯"农"，其发展重心在"谷"。从发展内涵上讲，"中国农谷"与"中国光谷"、"硅谷"都有一个"谷"字，既相似又不同。相同点在于，"谷"本身是一个经济学概念，指产业、企业和生产要素的聚集地。不同点在于，"中国农谷"的建设具有非常明确的产业支撑，是中国传统农业、农村现代化进程中的一个重要地标。"中国农谷"按照建设"产业之谷、绿色之谷、创新之谷、富民之谷"的思路，坚持以农为本，以生态文明为总要求，以市场为导向，以农业产业为基础，以转变农业发展方式为主线，以体制机制创新为动力，以改善民生为出发点，集聚各种先进的生产要素，大力推进农商、农文、农科、农史、农业旅游全面发展，着力打造一个集农业科技、农业文化、农业旅游、农业产业化和农业体制机制创新于一体的"中国农谷"响亮品牌。

"中国农谷"的建设应具有现代化、产业化、国际化的视野，将形成以下四个方面的价值：

一是"湖北样板"，就是以建设国家现代农业示范区为抓手，在全省率先实现农业现代化，为湖北农业强省建设当示范、做贡献。

二是"中国高度"，即走出一条具有中国特色的现代农业转型发展之路。通过未来十年的发展，"中国农谷"将诞生我国最新型的农业生产和耕作模式、最先进的农业科技和最发达的农产品加工业。

三是"三农"特区。就是进一步彰显"三农"重中之重的地位，通过解放思想，先行先试，以体制机制创新为动力，把"中国农谷"打造成为多种涉农元素集于一体的改革试验平台和创新发展高地。

四是世界知名。着力形成特色鲜明的现代农业产业体系，形成三产业协调发展、"三化"协调推进格局，形成面向世界的中国农耕文化展示平台。

未来十年也是湖北"中国农谷"建设的"黄金十年"。目前，"中国农谷"建设已上升为省级战略，将坚持以工业化为支柱、城镇化为载体、农业现代化为基础，实现"三化并进"、协调发展，形成新型工业化与农业现代化相得益彰、新型城镇化与城乡一体化建设双轮驱动的发展格局。"中国农谷"未来五年将初具雏形，未来十年力争在全省率先实现农业现代化。以"中国农谷"为龙头，湖北现代化农业和农村建设将展现全新的面貌，湖北由"农业大省"迈向"农业强省"将实现关键性的跨越。

打造"共和国立交桥"：推动现代服务业迅速成长

地处中国之"中"的湖北，历来被称为"九省通衢"；坐拥长江与汉水的武汉，则拥有堪比美国芝加哥的交通枢纽地位。正如孙中山先生很早就提出的"交通为实业之母，铁路为交通之母"，湖北经济社会的发展因交通而兴，因流通而盛。展开中国高铁系统的长远规划，湖北处在中心区域，武汉则已经成为孙中山先生所预示的"中国本部铁路系统之中心"，湖北在全国率先进入"高铁时代"。随着中国经济迈开高铁时代的步伐，湖北这个与铁路、交通有着深厚渊源的省份正迎来经济发展的一个更高的平台。

根据湖北省新出台的"十二五"综合交通发展规划，湖北力争在"十二五"期间累计投资 5 700 亿～6 000 亿元，预计到 2015 年，建成以铁、水、公、空运输枢纽为节点，快速铁路、高速公路和国（省）干线公路为骨架的综合运输大通道，形成覆盖全省主要城市，畅通长江中游城市群，通达京津冀、长三角、珠三角、成渝、北部湾等经济区的综合运输网络，将湖北打造成真正的"共和国立交桥"。

湖北对于未来五年交通规划的总体部署，可以为湖北未来十年的经济发展创造前所未有的厚实基础和有利条件。

在铁路方面，根据规划，到 2015 年，全省铁路运营总里程将达到 4 500 公里以上，建成以武汉为中心的"六纵四横"铁路网，形成武汉至京津冀、长三角、珠三角、成渝等全国主要经济区域 3~4 小时快速客运交通圈。"六纵"包括：京九铁路湖北段、京九客运专线湖北段；京广铁路湖北段；京广客运专线湖北段、武汉至咸宁城际铁路；焦柳铁路湖北段；蒙西至华中地区铁路煤运通道湖北段；三门峡至宜昌铁路湖北段。"四横"包括：襄渝铁路湖北段、汉丹铁路、武九铁路湖北段、武九客运专线湖北段，以及武汉至孝感、黄石、黄冈城际铁路；合武铁路湖北段、汉宜铁路、宜万铁路湖北段、武汉至天门城际铁路；长荆铁路、麻武铁路，以及武汉至仙桃、潜江城际铁路和天门至仙桃、潜江货运铁路支线；郑渝客运专线湖北段。"十二五"期间，湖北省将建成石家庄至武汉客运专线，以及武汉至咸宁、孝感、黄石、黄冈城际铁路，对郑渝客运专线、武汉至西安客运专线做好前期规划，推进武汉至宜昌、襄阳客运公交化。

在公路方面，规划提出，到 2015 年，力争实现武汉至长株潭、昌九、中原城市群等地区"1~2 小时交通圈"，武汉城市圈各相邻城市主城区间"1 小时交通圈"，以及鄂西生态文化旅游圈各相邻城市主城区间"2 小时交通圈"。同时，规划提出，到 2015 年，全省公路通车里程达到 20.5 万公里，其中高速公路 6 500 公里，普通国（省）干线公路 2.8 万公里，农村公路 17 万公里，基本形成"七纵五横三环"高速公路网，实现县县通高速。

在水路方面，到 2015 年，畅通长江中游，整治汉江航道，贯通江汉运河，初步建成干支连通、通江达海、辐射中部、面向全国的武汉长江中游航运中心。武汉新港吞吐能力达到 1.5 亿吨，其中集装箱吞吐能力达到 325 万标箱。

在航空方面，到 2015 年，武汉天河机场作为全国重要的枢纽机场初具雏形，建成神农架机场，开工建设武当山机场，改扩建襄阳、宜昌、恩施机场，筹划改造和新建荆门、赤壁等通用机场，开展黄冈、荆州等机场的前期工作。全省民航旅客年吞吐能力达到 4 300 万人次，货运年吞吐能力达到 46 万吨；国际直达航线达到 20 条，国内通航城市达到 80 个。

湖北交通网络布局和发展直接助推湖北现代服务业的进一步发展，将带来湖北经济新的增长点。我们认为，在湖北发展现阶段，发展第三产业，尤其是现代服务业，是加快工业化和城市化进程的内在需要，也是调整产业结构的必然选择。当前，湖北已经搭建"共和国立交桥"的框架，充分发挥湖北作为全国交通枢纽、商贸枢纽的优越地位，大力推动现代服务业发展，加快调整经济结构，具有广阔的前景。

其一，通过交通布局的"一线串珠双轮驱动"带动湖北区域经济新格局。以武汉为龙头、湖北长江经济带为主轴，武汉城市圈和鄂西生态文化旅游圈为两轮，两圈互动，圈带联动，形成区域发展新格局。

其二，进一步加强武汉经济发展的交通基础设施建设，促进武汉市由"九省通衢"迈向"九州通衢"。未来十年建设 7 条轨道线、3 条城际铁路和十余个物流园，开通与美国、法国、英国、日本、澳大利亚等国主要城市的直航航线，凸显武汉作为我国中部地区国际交通枢纽的地位，推进武汉跻身国家中心城市行列。

其三，鼓励武汉发展总部经济，向其他中小城市转移一般加工业。鼓励武汉、黄石等国家级开发区与周边市开展"区外园"合作。基本建成以武汉为中心的"圈域一小时"高效物流服务圈。基本形成武汉"1+8 城市圈"的"1 小时交通圈"，武汉至圈域县（市）"1～2 小时交通圈"。建设"资源共享，集约高效"的综合交通通信系统。分步实施圈域区号统一，加快通信一体化进程。

其四，加快推进湖北长江经济带新一轮开放开发。基本建成中部地区功能最完善、辐射面最广的综合交通运输枢纽。坚持以"水"兴带，着力构建以水资源为支撑的现代产业体系。协调推进"以港兴城"战略，力争带域内 20 个县（市、区）生产总值均超过 200 亿元，培育发展 2～3 个城区人口过百万的大城市。

其五，大力发展现代物流业和商贸业。以空港、内河港建设和航运资源集聚为核心，加快发展航运服务业；以加快国际贸易中心建设为核心，提升发展现代商贸业，全力打造"国际购物天堂"，继续保持商业在全国的领先地位，营造商品更丰富、服务水平更高、业态更多元、消费者纷至沓来的消费环境；依托空港、内河港优势，立足综合交通枢纽建设和武汉国家 B 级物流中心的建设，构建现代物流网络，打造中国最大的现代物流枢纽。

其六，发挥高铁经济的带动作用，发挥区位优势和旅游资源优势，加快会展旅游业发展。到 2015 年，鄂西生态文化旅游圈森林覆盖率达到 46%；文化产业增加值占圈域生产总值的比重达到 5%；实现年游客接待量 1.4 亿人次以上，旅游总收入占全省 40% 以上；圈域生产总值力争达到 1 万亿元。

其七，依托高铁经济和国际空港经济，培育和发展一批新兴的现代服务业。以资源集聚和金融创新为抓手，大力发展金融服务业，建设中国中部最大、具备全国辐射力的金融中心；以软件产业和互联网信息服务为重点，加快发展信息服务业；抢占数字文化高地，推动文化及创意产业发展；以专业化、规模化为方向，大力发展律师、会计、审计、咨询等专业服务业；推动产业融合，积极发展与制造业密切相关的生产性服务业。大力支持总集成总承包、专业维修服务、融资租赁、节能环保服务、科技研发服务、咨询服务、商务服务、设计创意等与制造业密切相关的生产性服务业发展。

"楚商"再出发：民营经济发展迎来"黄金十年"

民营经济是社会主义市场经济的重要组成部分。沿海发达省份改革开放以来的发展实践充分证明，在市场经济体制下，一个地区经济发展水平的高低，在很大程度上取决于这一地区民营经济是否发达。

在 1990 年代初，特别是邓小平 1992 年南方讲话以后，湖北民营经济曾经取得一轮较快的发展，成为具有活力的经济增长点和县域经济的主体，1992 年后陆续"下海"的一批"楚商"在保险业、信托业、金融业、商贸业、制造业等各个领域创建了一批民营企业，这些自称"92 派"的"楚商"和他们所创造的企业，有许多至今依然活跃在我国经济发展的舞台上。但是总体上看，湖北民营经济发展不足一直是整个经济发展的"短板"，不论数量、规模，还是活力、技术水平，与沿海发达省份都存在十分明显的差距，甚至在某些方面与同在中部的河南、湖南也存在差距。

根据《2010 年湖北省民营经济发展报告》，截至 2010 年底，全省实有私营企业 266 621 户，比 2009 年增长 15.6%。通过增资扩股等方式，大量私企扩大规模、增强企业抵抗风险的能力。截至 2010 年底，注册资本在亿元以上的企业达 349 户，比 2009 年底增长 65.2%。规模以上私营工业企业达 9 223 家，占全省工业企业的58.1%。尽管湖北民营企业近年来数目增加较快，但是仍然远远少于江苏、广东和河南等省。

湖北民营企业的规模也比较有限。在 2011 年全国民营经济 500 强榜单中，江苏有 110 家企业入围，广东有 20 家企业入围，湖北进入榜单的有 16 家企业，但其中排名最高为第 70 位（九州通医药），其余入围的湖北民营企业排名在第 200 ~ 300 位的有 1 家，排名在第 300 ~ 400 位的有 6 家，排名在第 400 ~ 500 位的有 8 家。在 2012 年全国民营经济 500 强榜单中，江苏有 99 家入围，广东有 23 家入围，湖北有 17 家入围，湖北最高排名下降到第 95 位（九州通医药），排名在第 100 ~ 200位的有 2 家，排名在第 300 ~ 400 位的有 1 家，排名在第 400 ~ 500 位的有 8 家。

2012 年全国民营企业排名前 10 位的企业中，江苏占据 3 个席位（分别列第 1、3、8 位），广东占据 1 个席位（列第 2 位），湖南占据 1 个席位（列第 10 位）。可见，就民营企业发展的规模而论，湖北与沿海发达省份存在相当大的差距，与湖南相比也有差距。

近年来，湖北民营经济对经济增长的贡献度提高。湖北省工商联数据显示，2011 年湖北民营经济增加值比上年增长 30.3%，对全省 GDP 增长贡献率达到 64.1%；民营经济在全省 GDP 占比首次过半，比重由 2005 年的 42.6% 上升到 2011 年的 51.7%；民营企业利润首次反超国有控股企业。民营企业的税收贡献也显著提高。2010 年湖北各类民营企业税收增长率为 36.3%，高于全省税收收入增速（26.3%）；民营经济税收收入占全省一般预算收入的 52.1%，超过了一半，成为全省税收收入增长的主要力量。

但是尽管如此，湖北民营经济对于全省经济的拉动作用依然明显落后于沿海省份。例如，浙江的民营经济增加值从 2006 年的 9 899 亿元增加到 2011 年的 19 840 亿元，5 年时间翻了一番，民营经济增长值占 GDP 的比重为 61% ~ 62.2%。同时，浙江省民营企业的税负较轻，其上缴税收占全省税收收入的 45% 左右。

湖北民营企业发展还有一个突出问题就是技术水平较低，创新能力弱，外向性程度更低。在 2012 年入围全国民营企业 500 强的 17 家湖北企业中，从事的行业以商贸、建筑、房地产、医药、农产品加工为主，缺少大型制造型企业，现有企业的技术研发投入不足，产品出口率很低。

相比之下，沿海地区的民营经济就更为活跃。例如，浙江的民间投资十分活跃，2011 年民间投资比 2006 年增长 1.3 倍，年均增长 18.3%，占固定资产投资总额的比重由 2006 年的 53% 提高到 59.9%，其中，私营个体投资占 26.9%。民营经济在促进生产、扩大出口、增加财政收入、吸纳就业等方面发挥着重要作用。2011 年，规模以上私营企业工业增加值达 4 283 亿元，占规模以上工业的比重从 2006 年的 37.2% 上升到 39.4%。民营企业出口 1 299 亿美元，居全国第 2 位，比 2006 年增长 1.9 倍，5 年年均增长 23.5%，占出口总额比重由 2006 年的 44.9% 上升到 60.1%。非公有经济从业人员占全部从业人员的比重达 75% 左右，比 2006 年提高了 6%。

近年来，湖北省高度重视民营经济发展，推出了一系列政策措施营造优良的投资环境，培育民营企业家，振兴"楚商"文化，弘扬"楚商"精神。湖北发展民营经济的指导思想非常明确："没有民营经济的跨越式发展，就没有全省的跨越式发展"，"以前所未有的力度优化发展环境，掀起湖北民营经济发展新高潮"，"在全省上下营造亲商、利商、留商、暖商、敬商、懂商、悦商的浓厚氛围，把湖北建设成为全国发展软环境最优的地区"。可以说，湖北民营经济的全面发展迎来了又一次非常难得的机遇期，未来十年是湖北民营经济发展的"黄金十年"。

在我国市场经济发展的大潮中，民营经济就像雨后春笋一样，只要提供良好的条件，减少不必要的约束，就一定会蓬蓬勃勃地发展起来。2012 年湖北省出台《关于推动民营经济跨越式发展的意见》（民营经济"53 条"），这对于未来十年湖北民营经济的发展具有非常重要的推动作用。可以预期，"楚商"再出发会带来一系列的积极效应，湖北民营经济规模将不断扩大，结构不断优化，质量不断提升，创新能力和品牌竞争力不断增强，吸纳就业、创造利税和保护环境等社会贡献度不断提高。

依照湖北民营经济目前的发展速度以及湖北所提供的民营经济发展环境，湖北民营经济应不再满足于在传统的产业中发展，经营范围不断向一些新的领域拓展，科技型、外向型和股份制民营企业应逐年增多，并更多地涉入光纤通信、机械制造、生物制药、房地产、信息咨询、科技开发和研究、文化教育等行业。针对武汉、襄阳、十堰等传统老工业基地民营经济发展偏弱的局面，采取有效措施促进民营经济跨越式发展，为此要敢于向民间开放投资，大力拓宽投资领域和范围，降低市场准入标准，提升民营资本盈利空间，鼓励和引导民间资本重组联合和参与国有企业改革，鼓励民营企业参与产业结构调整，发挥政府投资的"杠杆效应"，更多地吸引民间投资，创新对民营企业的金融服务，拓宽直接融资渠道，推进一批创新型、成长型民营企业上市融资。同时，依据"县域经济以民营经济为主体"的发展战略，通过加快县域层次民营经济发展来推进城镇化、工业化和农业现代化。

我们有理由期待一个"千帆竞发，百舸争流"的"楚商"发展新局面。依照湖北民营经济目前的发展趋势，五年之后，预计个体工商户数量将达到 220 万户以上，民营企业 50 万家，规模工业企业 1.2 万家；年营业收入过 100 亿元的企业超过 20 家，进入全国民营企业 500 强的企业超过 20 家，拥有湖北名牌产品 600 个以上；民营经济增加值达到 1.65 万亿元，年均增长 16% 以上，对 GDP 增长的贡献率达到 63% 以上。十年之后，预计湖北年营业收入过 100 亿元的企业达到 40 家左右，进入全国民营企业 500 强的企业超过 30 家，力争涌现出 3 个民营企业进入全国民营企业 100 强；湖北民营企业对 GDP 的贡献度将达到 65%～70%。

让世界认识湖北：在国际化进程中开拓未来

湖北尽管处在中国内陆，但是具有独特的地理位置、便捷的交通基础设施和较为密切的海外经济联系传统，这些条件都有利于湖北发展对外贸易和提升国际知名度。孙中山先生在《建国方略》中曾赋予武汉非凡的重任："实吾人沟通大洋计划之顶水点"。在 20 世纪三四十年代，"大武汉"曾经与"大上海"齐名，是中国少有的大型国际贸易商埠。然而，改革开放以后，沿海地区率先推动了外向型经济发展，湖北对外贸易的步伐相对缓慢，与沿海发达地区在外向型经济发展方面的差距越来越大。

近年来，湖北对外贸易也展开了新局面，但是同时还存在许多亟待解决的问题。

一是对外贸易整体水平还有待提升。自金融危机以来，我国沿海地区的进出口贸易受到了较大负面影响，与此同时，湖北进出口出现了明显波动。2011 年全国进出口总额 36 421 亿美元，同比增加 6 681 亿美元，增长 22.5%，比上年回落 21.2 个百分点。广东、上海、江苏的进出口总额在全国位列前三。重庆进出口总额增速（89.9%）在全国排第 1 位，河南、西藏分别以 83.1% 和 62.53% 的增速居第 2 位和第 3 位。2011 年湖北完成进出口总额 335.2 亿美元，同比增长 29.1%。进出口总额在全国排第 13 位，在中部排第 1 位；增速在全国排第 13 位（与北京、安徽并列）。2012 年 1—8 月，全国进出口总额 24 976.2 亿美元，同比增长 7.1%，增速比去年同期回落 18.3 个百分点。广东、江苏、上海的进出口总额在全国位列前三，进出口总额增速在全国排前 3 位的是西藏（183.1%）、重庆（132.9%）、河南（64.3%）。而湖北进出口排名全国第 17 位，较上年下滑 4 个位次；全国有 8 个省份出现负增长，湖北同比增速-4.5%，位列全国第 27 位，较上年下滑 14 位。可见湖北进出口贸易波动过大，相比之下，广东、上海和江苏则能够稳健地维持进出口总额位于全国前三甲。

二是湖北缺乏大型外贸型企业。2012 年全国外贸 500 强企业中，江苏入围 95 家企业，广东入围 70 家企业，浙江省仅宁波一个城市就入围 8 家企业，而湖北却还没有实现零的突破。湖北进出口占全国的比重也较低，2004 年湖北进出口占全国进出口总额的比重仅为 0.59%，近年来虽逐步提升，已经达到 0.9% 左右，但是与沿海省份相比差距依然极其悬殊。

三是湖北出口主体不够多元化。数据显示，在2008年前湖北出口贸易高度依赖国有企业，直到2009年湖北外资企业的出口占比达到40.8%，首次超过国有企业。

四是湖北对外经济合作伙伴在地理分布上相对集中，不够多元化。长期以来，湖北进出口贸易的最大伙伴是欧盟，日本排在第二，美国排在第三。因此，湖北进出口贸易受到欧债危机、美国经济复苏乏力、日本经济持续低迷的负面影响很大。在当前世界经济格局中，增长相对较快的有"金砖国家"、智利、阿根廷等拉美国家，东亚和东南亚国家等，而湖北在这些地区的贸易量非常小。

五是湖北对外经济中一般贸易居多（占出口额的60%左右，进口额的70%左右），加工贸易和其他贸易形式发展不充分。湖北近年来已经加大了引进外资的力度，目前进入湖北的世界500强企业达到101家，位居中部地区第一，但是引进外资的总量、产业分布、出口份额等都还与沿海地区有较大差距。

六是湖北企业创造的知名品牌少，世界知名品牌更是严重缺乏，在国际市场上出口产品仍以资源加工品为主，缺乏国际竞争力。

湖北经济发展的现阶段是推进开放型经济发展格局，全面提升国际竞争力的关键时期。十八大首次提出要在我国"着力培育开放型经济发展新优势"，这对于湖北未来十年的经济开放与发展具有重要指导意义。要培育开放型经济发展新优势，就是既要在更大范围、更广领域、更高层次上参与国际经济技术合作和竞争，防范国际经济风险，又要加快转变外贸增长方式和结构，立足以质取胜、实施内外联动，求得互利共赢，在新的国际竞争条件下形成新的核心竞争力。

其一，全面提高开放型经济水平，就是要适应经济全球化新形势，实行更加积极主动的开放战略，不要消极被动，更不要封闭退缩，完善互利共赢、多元平衡、安全高效的开放型经济体系。湖北应该立足于形成更加多元化的国际贸易产品结构，形成更多元化的国际贸易伙伴，注重开发新兴经济体的市场。

其二，湖北要创新开放模式，坚持出口和进口并重，提高利用外资综合优势和总体效益，加快走出去步伐，统筹双边、多边、区域次区域开放合作，提高抵御国际经济风险能力。

其三，湖北应把推进开放型经济发展与调整经济结构结合起来，促使企业走向国际市场，参与国际合作与竞争，把传统的基于低成本的价格优势提升为基于创新能力的竞争优势，推动开放朝着优化结构、拓展深度、提高效益方向转变。

其四，湖北要注重加强内外联动，通过扩大内需、扩展国内市场的深度和广度，进一步构建国内、国际市场体系联动的新格局。十八大报告明确指出："要牢牢把握扩大内需这一战略基点，加快建立扩大消费需求长效机制……扩大国内市场规模。牢牢把握发展实体经济这一坚实基础……""战略基点"和"坚实基础"体现了以国内市场发育、实体经济发展和扩大消费需求带动经济增长，切实提高我国经济的竞争优势和建立长期发展的持续动力的指导思想，这对于处在我国中部的湖北尤其重要。

其五，湖北应努力提升国际知名度。参照国际经验，日本 1964 年举办夏季奥运会、韩国 1988 年举办夏季奥运会都对于提升该国的国际知名度、振奋国民信心和促进经济增长起到了巨大作用。在我国，广州先后承办全运会、亚运会，上海承办世博会等重要活动，也对经济增长具有显著促进作用。我们认为，以湖北目前的发展势头、已经具备的经济基础，可以发挥李娜等一大批湖北著名运动员的国际影响效应，连续承办网球、羽毛球和三大球的国际赛事，争取在未来 10 年内申办一次全运会，20 年内申办一次亚运会，通过举办重要体育赛事，为"黄金十年"提供更多的机遇和驱动力，全面提升湖北省的物质基础设施和社会基础设施，提高国际知名度，带动各个产业升级，进一步提升湖北省的综合竞争力。

总之，湖北经济发展已经展开"黄金十年"的新篇章。当此之时，湖北经济社会发展的各界应有"黄金作为"，所有湖北人应做出"黄金贡献"。湖北未来的经济增长动力来源于技术进步和创新、知识和人力资本积累，来源于新型产业的发展和不断升级。因此，必须通过吸引海内外优秀人才，引进海内外先进技术，推动自主创新和创造自主技术品牌，不断提高制造业的技术含量，形成以先进制造业为支柱、以生产性服务业为支撑的现代工业体系。只有这样，才能把湖北打造成我国经济发展战略中一个重要的"增长点"或"发展极"，夯实湖北在中部崛起战略中的领衔和引导地位。